你想成就自己的事業
和成為富豪嗎？

讓台灣包裝整廠企業龍頭 潘勝正 總裁
——告訴你如何實現你的富豪夢！

Contents
目錄

Contents
目錄

Contents
目錄

Contents
目錄

FOREWORD
前言

你有興趣在這一生比別人家有錢嗎?

如果答案是肯定的,讀完本書必有收穫!

這是我的實戰案例,不是杜撰,不是冥想!

究竟要怎樣才能賺大錢呢?

  1. 立志你一定要賺比大部分人更多的錢!

  2. 立定你人生的賺錢方向。

  3. 學習基本的賺錢技術。

  4. 用比別人更多的時間賺錢。

  5. 請別人來幫你賺錢。

  6. 賺錢之後用錢賺錢,你就會越來越有錢、錢、錢!

  7. 用錢來滿足你的人生吧。

當你比別人有錢時,你可以開好車、住豪宅、穿戴名牌、上米其林餐廳、買賣書畫古董,享盡物質、精神上的滿足!

你還猶疑不決?還是真想賺錢?

"錢對你的人生如果確有其必要"那麼就立即把本書帶回家好好讀它吧!

陽明山房藝術空間

1

永遠要作為同業的龍頭

「永遠要作為同業的龍頭」這是乙農企業集團總裁潘勝正為公司所訂定的經營理念與目標。

四十多年來在飲料包裝整廠設備業的經營上他成功做到了！

骨董藝術文物的收藏與研究，是潘總裁十多年前開始的，一如往常，追求「要做就做到最好」的信念，他認為必須提升自身藝術學養，為此他與夫人特別到美國攻讀藝術碩士學位。

他所投注的熱情，精準的眼光與獨到的剖析，不減當年叱吒商場的態勢。如今，他為了要在骨董藝術更上層樓，2015年起他們夫婦遠赴北京清華大學、紐約蘇富比藝術學院、美國加州克拉克大學藝術學院、倫敦蘇富比藝術學院，修習藝術管理三年花半年寫論文最終於 2019 年 3 月底獲頒藝術管理碩士學位，以圓人生骨董藝術最高理想與境界。

由於他的漆器、琺瑯器等骨董收藏，在品質與數量已名列全球前十大收藏家，在業界頗負盛名，北京故宮博物院特別為他的收藏出版專書，今年七月漆器書已經出版，琺瑯器書預定明年初出版，屆時必定震憾骨董收藏界的朋友。

潘總裁生來智慧聰穎，凡事分析判斷精準。飲料包裝整廠設備行銷四十多年，為他創造了數以億計的財富。骨董藝術品的收藏相信將會再度為他創造十倍、二十倍的資產。

如今他的骨董藝術品收藏，除了理財的因素之外，也在他壯年以後的人生添加了藝術與美的意境，如此完美的人生規劃與成就，在這本書上他完全公開並誠心提攜年輕一代，希望年輕讀者能因此有收獲，讓人生不後悔！

這是我認識的潘總裁，除了恭喜他的新書出版外，我更願意推薦這本書給所有追求財富、理想的青年朋友。

台灣包裝雜誌社創辦人兼社長 高弘儒

PREFACE
自序

　　許多年來，「台灣包裝工業雜誌社」及「環宇包裝網」多次在雜誌上發表刊登有關於我和「乙農集團」的文章，並且將我五十幾年來在台灣包裝產業上的努力收錄於《台灣包裝風華50—50年來影響台灣包裝產業發展的企業與人士》一書中，實感榮幸！之後，高弘儒總編輯建議我撰寫自傳，以完整且深入地記錄我一生經歷，但我後來想想，決定換個方式，不如將「自傳」用來舉例，讓年輕一輩知道我如何設定人生目標、如何創業致富；以「自傳」作為樣本，讓年輕一輩可以參考、依循，成就屬於自己的成功，我想，這樣的書應該更有意義。

　　我相信即使時代變遷，但想要成功、賺大錢，仍是大多數人致力追求的人生方向；雖然時空更迭，但成功者應具備的野心與信心、能力與努力依然不變，因此，這不是一本自傳，而是用一生的經歷來教人如何致富的一本書。

　　在書中，我特別強調「盡早設定人生目標」的重要。我以自己為例，原先一心想當官，高中保送大學，非國立政治大學不唸，但畢業在即，卻及時更正目標，決定棄仕途而從商，連教授推介我去總統府當翻譯官、去中央社當編譯，我也不改其志。為了從商，退伍後考進「日本三菱商事株式會社」，是當時國際間數一數二的大貿易商，而且我獨挑最難最累的機械課從頭學起；在工作得心應手、薪資優渥人人稱羨之際，我又毅然決定不和別人一樣安穩捧著鐵飯碗，待到退休再爽領一筆足以安老的退休金，而是以創業為目標，走一條篳路藍縷之路。這段人生目標的轉折，我詳盡分享權衡考量的心路歷程，希望能幫助大家在訂定人生目標時有所參考。

　　當然，不以創業為人生目標的人，也可以用你聰明的頭腦，投入現在

最時興的行業，譬如 AI 產業。當 AI 與醫療體系合作，可以用機器人減輕護理師、藥劑人員繁重的工作量，用最新電腦科技協助醫師判讀癌症或病毒，研發像新冠肺炎（COVID-19）新藥等；當 AI 往工廠發展，可以幫助許多傳統性工業走向高科技，將日常人工的工作改由機器人負責，可人工機械化，降低工資成本或解決缺工問題。目前 AI 也和汽車用結合，像各大汽車系統發展的先進駕駛輔助系統 (ADAS)，未來在製程改善方面仍有很大的發揮空間。還有，AI 導入智慧家庭應用，突破原先架構上使用的瓶頸等等。如果能進入規模較大的公司成為研發主力，相信收入也會很可觀，一樣能走向人生的康莊大道，亦無不可。

　　如果在 AI 應用上累積了一定的眼界與實力，最後也可以選定一種行業或領域出來創業，把你所想的、和別人不同的先進技術，經過 IPO（首次公開募股 Initial Public Offerings）或創投基金的方式來成立公司，這樣可能賺得會更快。以我為例，我在日本三菱工作期間，銷售許多行業所需的機械設備，深諳各行各業的市場供需，最後選定食品飲料業。但以我當時創業的環境條件來說，沒有這麼多元的募資來源形式，所以我必須一方面在日本三菱工作，一方面設法賺到創業所需的第一桶金。我盡其所能地運用所有的人脈與資源，快速地賺得了一筆存款，買房買車之外也開始投資房地產，所以短短幾年的時間，我就達成了創業的目標。我和我太太在我們家客廳擺了三、四張桌子當作辦公室，為我設定的下一個目標全力以赴，就是「三年之內，我要搶下全世界飲料、乳業、酒類、啤酒、白酒、紅酒類及其物料供應權百分之五十的代理權，以及佔有全台灣百分之六十的飲料設備供應市場！」於是我管外、她管內，我管業務、她管財務，大概有百分之六十的時間我都在外面打拼，曾經有一次，我從台灣飛美國、美國飛法國、法國飛德國、德國飛義大利，繞了世界一圈，總共花了二十五天，到處參觀世界各地各大相關展覽會，等待機會認識各個頂尖品牌的大老闆，爭取代理權；為了讓客戶信任我的專業，我不僅做足功課，甚至還自掏腰

包、充當翻譯，招待客戶出國去參觀供應商的工廠。我將我如何取得全世界一百多家頂尖飲料設備品牌遠東區代理權，以及成為台灣第一家市占率百分之七十的飲料、啤酒、酒類設備供應商的過程，在書中鉅細靡遺地分享，包括我如何從金額小的單機開始著手，到提供整條生產線所需的相關機械設備，甚至到整廠從無到有，連廠房建築工程、設施設備都能一手包辦，利潤空間之大，讓我獲利倍增；以及我如何與客戶、供應商建立堅不可破的好關係，如何管理人才與穩定資金調度等，對於一些想要築夢踏實、在商場上站穩一席之地的讀者來說，即使社會型態與產業發展不盡相同，相信仍有所助益。

　　年輕時，我曾期許自己：三十歲要賺到一千萬元新台幣，四十歲要賺到一億元新台幣，五十歲要賺到十億元新台幣。但當我的本業獲利已經累積到一定的實力基礎，房地產、股票、外匯、基金等各方面的投資也加快了我累積財富的速度，讓我早早達標時，我知道接下來不管賺多賺少，都只是銀行裡的數字而已，終有一天會變成遺產，所以我開始熱衷於古董藝術收藏，不僅享受穿梭古今的歷史文化價值及浩瀚無涯的博學薰陶，又能增值，甚至能更快速地獲得財富，是兼具物質與精神享受的最高投資境界，讓我擁有金錢真正帶來的滿足，成世界前十大漆器加琺瑯器收藏家。

　　無論我的身分是一位企業家、投資者或收藏家，在書中我一再耳提面命～自己一定要懂，想成功、想賺錢，必須認真用心學習！最後祝福大家，看完這本書之後，能夠成就自己的事業，成為真正的富豪，在知識領域、社會地位與文化涵養上日益提昇，找到屬於自己兼具物質與精神享受的滿足，快快樂樂地過一生！

乙農集團創辦人兼總裁　潘勝正

第 1 章

成功者必備的素質

一、盡早設定你的人生目標

1. 如何設定你的人生目標？

「人們常說：早起的鳥兒有蟲吃，立定人生目標也是越早越好，所以他的第一個人生目標就是『要當官』！」

民國五十幾年，正值潘勝正就讀成功中學，看見為官者不但威風八面，而且權力大、收入多，深受百姓敬畏又能光耀門楣，所以高中畢業因成績優異得以申請保送大學時，「國立政治大學」成了他不二之選。擅於綜觀

■ 乙農集團合資公司 -- 唐山豪門啤酒廠動土典禮

情勢、精準剖析的他認為：「當時蔣介石總統在位期間，他是政大的名譽校長，而且全校百分之八十的教授幾乎都是政府官員，所以只要在校成績好、和教授關係不錯，畢業就有機會被推介到政府機關任職，當官的機會就很大！」

填選保送的前三志願時，潘勝正一樣仔細推敲，「當時政大最好的三個系應該是財稅系、外交系、新聞系，因為那時候全台灣二十四所大學只有政大有這三個系，培養出來的學生幾乎佔當時政府相關部門人事的百分之八十，加上我們又是政府的官校，所以一定能優先進去，而且大家都喜歡拉前後期的同學……」於是，對數字沒有特別興趣的他，一開始填選的順序是外交系、新聞系、外文系，但想來想去，「外交系和新聞系的主要課程都是中文，如果我先把外文學好，以後和外國人交談、討論、研究時比較容易知道對方在想甚麼、說甚麼；但如果我只修外交系或新聞系，我的外語不夠精通，就

需要透過翻譯，假設翻譯人員很棒，可以精準翻譯出每一字、每一句，可是『感覺』（NUANCE）是翻譯不出來的，語氣音調不同，結果可能就天差地遠啦！」因此，潘勝正最後選定「西洋語文學系（現為英國語文學系）」就讀，除了主修本系的英文、德文、法文、西班牙文外，同時副修新聞系課程，「如此一來，先把與人面對面溝通的外文學好，再擁有新聞專業知識，畢業後應該就不會找不到工作了。」此外，當時台灣老一輩的觀念認為一定要學日文，因為台灣和日本生意往來密切，日文很重要，以後一定會用得到，所以潘勝正又選修了日文，沒想到這竟成了他人生重大轉折時的一大優勢。

深具語言天賦的他，在東方語文學系選修日文時，「老師在上課，我舉手說：『你這樣的教法學生不太容易懂，我想應該有一個更簡易的方法讓學生懂。』老師說：『好啊！我坐你的位置，你上講台來講。』我說：『好吧！那我就試

試看！」結果講完之後他認為很有道理，學期成績給我 100 分。學期成績要拿到 100 分很不容易，不過我的德文學期成績也得過 100 分。」甚至從 2012 年開始，他希望將目前中國大陸和台灣共有五種漢字羅馬化的不同拼音方式加以統一，成為「漢字羅馬化」的世界標準，讓外國人能更精準快速地看懂，不會搞錯。並在學術論證的基礎下，已近編寫完成。

除了致力學習外，潘勝正仍不忘積極為仕宦之途做一切的準備。「我想，要當官的話，第一要外文好，以後有利於溝通；第二要訓練領導能力，所以我開始競選擔任班代表、總幹事和學生代表聯席會副主席等職務，只要可以培養領導能力的，每一個都學。第三就是要跟教授搞好關係，因為他們以後可以幫我推介好的職業。」所以，為了要和教授們維持良好關係，潘勝正除了上課認真、求得好成績，加深他們的好學生印象外，更接任系刊「桂冠（LAUREATE）英文雜誌」的社長兼總編輯，利用邀稿、校稿、排版、討論等機會，和教授們培養私交，並付予他們優厚的稿酬，「那時候物價很便宜，我們一學期的學費約七百多元，一天吃飯七元，早餐一元、午餐晚餐各三元，兩葷一素、飯吃到飽。教授寫一個字我給一元，五百個字就有五百元，可以吃兩個多月的飯，他們多高興啊！都非常願意替我們寫稿，所以我和擔任重要職務的教授關係都很好。」

可是要支付這麼多稿費，錢從哪裡來？「那時候印一千本雜誌三千元，我們找的是印英文稿最好的 The China Post（英文中國郵報）。我先去拜託課外活動組幫忙編列一千五百元的補助，這樣我只剩下一半的出書成本需要張羅。接著我貼出公告，發動系上的同學來幫忙拉廣告，成功的話三七分帳，所以同學們也很高興來效力。然後，我特別把封面內頁廣告的下半截空下來，The China Post 的人看我們所有的編排都好了，就這裡

空著，跑來問我說：『你下面那個廣告空著不放東西不好看吧！』我說：『是啊！當然要放東西！』他說：『那你不拿來嗎？』我說：『要啊！等你啊！你們 The China Post 是所有外文系、外交系都要讀的東西，你們要打一下廣告啊！』他說：『好吧！那要多少？』我說：『我付你三千元，廣告就收你一千五百元好了。』這樣不但雜誌的印刷費用有了著落，同學拉來的廣告收入還能成為享樂基金，皆大歡喜！」

這種運籌帷幄、利人利己的手法也同樣被運用在通霄舞會上，「我們規定所有要來跳舞的男生每個人都要繳錢，這樣租借場地的費用就有了，然後女生完全免費，而且不限人數，所以有女朋友的，就會邀來當舞伴，增進感情；沒有女朋友的，也有了交友聯誼的機會。那時候我們宿舍二樓剛好有五個男生組了一個「TEDDY BOY」合唱團，我就去跟他們商量，你們來參加我不收你們門票，但你們免費來幫我們演唱，而且每演唱半小時可以休息半小時，休息時間我改放音樂，你們也可以去跳舞，結果交易成功，畢竟有樂隊的感覺比較熱鬧嘛！所以辦一場舞會下來，大家都很開心！」還有，每一學年系上至少會舉辦一至二次的郊遊旅行，「因為學費才七百元，所以系費每人十五、二十元，沒有多少錢可用，所以我拜託一位家世顯赫的室友，他是僑生，幫我們向他的親戚借了幾輛軍車和司機，油錢和司機的費用由我們來出，這樣就省下一大筆交通費，再來中途一定要參觀可以拿到贈品的地方，因為那時候大家普遍生活都還不是很富裕，比方說我帶他們去參觀黑松汽水，老闆為了行銷，除了會介紹公司歷史、產品，讓同學們參觀生產包裝過程外，一個人至少送你兩瓶飲料；去參觀味全，一個人至少分兩瓶醬油回來吧！那時候這些都是錢，是不是很划算、很值得？！晚上沒錢住旅館，我們就到處去露營，自己搭帳篷、自己買東西烤來吃，並辦營火晚會既便宜又比住旅館來得好玩，所以每次大家都非常快樂！」

2. 當你發現目標需要更改時，切記及時更正！

潘勝正立定目標，一心朝官途努力，雖然從班代表、總幹事，做到學生代表聯席會副主席，一路過關斬將、風雲叱吒，但也宛如提早經歷了政治洗禮，目睹令人瞠目結舌的「官場現形記」，再加上必修的政治學課程中教授的一席話，讓他開始有了不同的思考，教授說：「正如我們政大校歌所言：『政治是管理眾人之事，心要正、意要誠，要有奉獻的精神……』這是政治家應有的偉大情操，但在現實社會中，此等政治家真是少之又少，久久能出現一兩個，已是國家、民族之大幸。一般的政治家總是希望能高官厚祿、大權在握、惠及子孫，如果你想當前者，就必須高風亮節，不計個人得失，以國家興亡為己任，置個人死生於度外，才能利國利民、永垂青史，你做得到嗎？如果你只想當後者，你必須永遠記得兩句話：第一句是『成者為王，敗者為寇』，以時時警惕你〝只許成功，不許失敗〞；第二句是『為達目的，不擇手段』，它明白告訴你〝為了永續不敗，甚麼手段皆要使〞！」潘勝正自認做不了心狠手辣的事，就毅然決定不當官了，連教授推介他去總統府當翻譯官、去中央社當編譯，他都不去了。

大學畢業時，「大家都是預官，我是外文系的，就去考英文教官，這樣就不用陸操啦！所以畢業後，我就被派到中壢士官學校當高三英文老師，一個禮拜只教兩個班共六堂課，其他的時間除了到軍官俱樂部進修以外，我就在想，人生目標不一定第一次就能訂定成功，碰到該轉彎的時候還是要馬上轉彎，不然浪費時間。所以我就想說，那我從商好了。因為如果我自己從政，利用自己的權力去賺錢，叫做貪汙舞弊，會被抓去關；但我有很多同學從政，可以助我一臂之力，讓我名正言順地去賺錢，他這叫做為民喉舌，不會被抓去關。可是從商的話，我的商業知識不夠，因為我沒有修商學院的課，所以考進日本商社最好！因為日本商社都是採學徒制、終生職，為了日本人

最多四年一定要調回日本的規定，他們必須要培養接班人，所以他們一定要把我教好。」當時有五大日本商社，如三菱、三井、丸紅、伊藤忠和住友等，「第一個招生的是伊藤忠，我在報紙上看到，想説放假回來要去考，結果快快樂樂回來，證件沒帶回來，那就不能報名了。過了幾個月，換三菱公布招考，我提醒自己這次不能再忘記了，所以就去考了三菱。」

當年聽從老一輩的建議去選修日文，如今果然派上用場！「我去三菱考試的時候，四百三十多人只錄取六個，有五個都是日本留學回來的，只有我一個是台灣政治大學畢業。雖然我的日文差他們一點，可是差不太多，但他們的英文都輸我，而且日本長官，戰後出生的人沒有時間學好英文，戰前出生的更沒有，所以我就順利地考進『日本三菱商事株式會社』，是當時日本最大的貿易商。」

「那時候進去的人幾乎都不會辭職，因為當時公務員一個月的薪水大約一千至一千一百元，我剛考進去的時候是三千二百八十五元，已經差不多三倍了，然後每年六月十五日領四個月薪水，本來一個月再加三個月，叫做『年中獎金』；到十二月又領四個月，叫做『年終獎金』，所以一年可以領十八個月的薪水。而且主管也不會叫你走，因為那時候規定，如果人家考進來，他的能力不足不是他笨蛋，而是六個負責口試的部長笨蛋，因為四百三十多人經過筆試先錄取二十四個人，口試時再由六個部長各選一人，最後錄取六個人，分別到機械課、纖維課、資材課、化學課、食品課、總務課等六個部門任職，如果他能力不足，表示你們六個部長同時看錯人，才會錄取他進來，所以是六個部長要負責。像有一位比我晚半年考進來的同事，實在沒辦法適應機械課，因為有很多機械方面的專有名詞不容易懂，後來公司幫他調纖維課，想説賣布比較簡單，但他還是做不下去，公司只好把他調總務課，工作是每天把全台灣的報紙重點剪下來就好，所以他的工作很輕鬆，每天看報紙，照領一樣的薪水。」

口試時，潘勝正也被問到最希望去哪一課？「我說我最喜歡去機械課。雖然我學外文，跟機械沒關係，而且機械名詞都是用日文講的，做起來會比較吃力，但我會很認真努力地克服它。因為比起食品課賣大豆、玉米、雜糧之類，沒有大價差可言，必須靠大量，那個工作會很累；但機械不一樣，它賣的是公司的品牌和技術，有很大的利潤空間，而且能找世界最好的東西來賣給人家，讓社會繁榮，我又賺得到錢。」於是潘勝正順利地進入機械課學習，很幸運地被分配給一位名叫佐治功的主管，他的父親是三得利 (Suntory) 威士忌的社長，雖然是名門之後，但他卻想要在外接受磨練，「他帶著我做了幾個大案子，第一個從比較簡單的建設機械開始賣起，接著是產業機械，然後才是整廠設備，當時台肥五廠、溪州糖廠等整廠的設備，就是我跟他一起賣出來的。我也管過輪胎設備，所以跟台灣每一家輪胎廠都很熟。後來陸續做過不同行業，直到做了食品飲料設備，我才認為我可以朝這個領域去走自己的路。

因為，建設機械有三菱、三井、TOYOTA 等多家公司在競爭，但我認為那個量還是比較有限；而輪胎設備，正新、泰豐、南港、建大都是三菱的客戶，好處是今年可能賣八千萬美金的整廠設備，但明年可能只賣了八百萬美金的零件，因為不可能每年都在擴建；如果去賣像台肥五廠的整廠設備，可是台灣肥料廠也沒幾家，賣像溪州糖廠的整廠設備，但台灣的糖業已經逐漸在走下坡，後來我做了公賣局和民間飲料廠之後發現，做這個行業很不錯，有幾百萬的可以投資，有幾千萬、幾億甚至是幾十億的都可以投資，那我的客戶群不是很廣嗎？尤其是開發中國家變有錢的時候成長最快，因為以前只能自己煮開水喝，現在有錢了，就會買礦泉水、茶飲、果汁、汽水、啤酒等來喝。

所以後來我就選定食品飲料這個行業，自己出來開公司。」潘勝正帶著這些年在日本最大貿易商的紮實訓練，再次訂立了新的人生目標，醞釀下一個階段的精采展開！

二、創業以先積蓄足以開拓事業的第一桶金

經過長期實際經歷與分析權衡，潘勝正最終選定食品飲料設備業做為可長期經營的事業，並決定自己出來創業！但「沒錢怎麼開始？要買房子，總要有頭期款；要做事業，總要有創業的基金。一個月三千多元薪水能做什麼？好歹也要存個第一桶金才行。」於是潘勝正將賺得人生第一桶金作

■ 當年曾在乙農擔任工程師的楊森泉（右一），工作表現十分出色，潘勝正希望藉由此書的出版，表達對他的感謝之意。

為首要目標，開始思考如何利用業餘時間來增加其它收入，「那時候我還在日商三菱公司上班，我們是日本節日休假、中國節日休假，還有十天至十天以上的特休假，再加上禮拜六、禮拜天本來就不上班，所以一個月大概只要上班十七、十八天，這表示除了上班時間外，我有很多空閒時間可以利用。」

1. 當冷氣經銷商，外快所得高出年薪好幾倍

但環顧身邊既有的資源，可以做什麼來籌措創業的本錢呢？「最簡單的方法就是賣你熟悉的產品、賣你週圍同事需要的產品。因為同事離你最近，最容易了解他們的需要，而且彼此之間有信任和情感的基礎，比較容易溝通、達成買賣。」接下來是要選定什麼產品賣給他們？「當時我負責冷氣事業部，主管三菱重工和華電台中總公司聯合製造的三菱華電牌冷氣機，所以我跟華電的老闆協商，我不會利用職權跟你要求好處，但我只想要成為你的經銷商，如果你已經有五家經銷商，加我一個，對你來講應該沒有不好，只要價錢大家都一樣就好；對我來說，我如果有這個機會成為經銷商，我拿出去賣，多少就能賺些利潤差額。」因為譬如華電賣給經銷商一噸的冷氣一萬三千元、一噸半可能一萬六千元、兩噸可能二萬元、兩噸半可能二萬五千元，通常會比市價便宜大約百分之十五，好讓經銷商能去開發客戶以及準備可以存貨的倉庫、冷氣運進運出等相關的成本費用。

後來，潘勝正雖然順利拿到經銷商的資格，但民國五十幾年的台灣，經濟才剛剛起飛，一般老百姓根本沒有錢買冷氣，對他們來

■ 潘勝正（中）與維他露董事長（右三）、維他露財務長（右二）、維他露祕書長（左二），拜訪克朗斯公司，並與克朗斯大老板本人（左一）、總裁（右一），於餐廳用餐合影。

說，冷氣是奢侈品，只有公司老闆或像三菱員工這種高收入的家庭才買得起，因此銷貨通路不是很大。「我跟公司說，如果我們公司的同仁或客戶要買冷氣的話，我可以讓大家買到至少比外面便宜一成的價格，不知這樣可行嗎？公司說:『可以讓你推看看！只要你不貪汙，憑你自己的能力做經銷且賣的是自家公司的產品當然可以！』所以我就在辦公室貼了一張公告：凡我三菱員工及其親友皆可向我登記購買三菱華電牌冷氣，保證每一台比市價便宜一成！」果然優惠策略奏效，購買踴躍；但另一方面，潘勝正也在想方設法要節省開支，「我跟華電說我不要庫存，我會固定告訴你今天幫我出幾台冷氣，然後再按照地址幫我送到客戶家，這樣我就能省掉至少 5% 的庫存和運輸成本；再加上業務我自己當，不用請業務人員；還有一般經銷商通常會僱用按月支薪的安裝人員，但我是找會安裝的特約人員，論件計酬，每安裝一台冷氣給四百元，在當時四百元很多，已相當於公務員一天的薪水，所以他們都很樂意配合，我也能省下一些人事費用。在這種情況下，雖然我賺的利潤差額不到 10%，但如果一台一噸重的冷氣我賺 1000 元、一噸半的賺 1500 元、兩噸的賺 2000 元、兩噸半的賺 2500 元，以我剛考進三菱時一個月薪水 3285 元來說，賣一台一噸半的加一台兩噸的冷氣就有了，何樂而不為？」

除了三菱員工以外，潘勝正也積極向外開發客源，「像有一位船公司老闆住在天母，我跟他很熟，我問他要不要裝冷氣，他說要！天母的別墅要裝冷氣，所以我在不影響工作的情況下，利用下班時間去幫他看現場，一看，哇！那麼多間房間，我跟他說總共要裝六台，他說沒問題，你就幫我裝六台。通常，一個房間大小若只需要一噸的冷氣就會涼，我會賣給對方一噸半的，我不是想要多賺對方的錢，而是為了留下好口碑，因為買一噸和一噸半的，可能只差幾千元，但一噸的可能要十五分鐘才會涼，而一噸半的只要五分鐘就涼了，反正冷氣是自動的，溫度降下來後壓縮機自動就會停下來，風繼續吹，所以不會耗太多電。等到炎熱的夏天一

來，他們回到家開冷氣，一下子就會涼，都很感謝我，覺得我賣的冷氣品質確實沒話說，所以我從來沒有接到冷氣不冷的抱怨或客訴，當然這也是我口碑行銷的最佳方式。」

那年，潘勝正大概從四月一直裝到十月，有的客戶還會多加三千元裝一片電熱片，這樣就成了冷暖氣機，所以短短半年，外快就賺了二十幾萬，比在三菱 18 個月將近六萬元的年薪高出三倍之多。「甚至曾有一位安裝冷氣的師傅從早上安裝到晚十一點多，總共安裝了七台，一天就賺了二千八百元！比領月薪還要好很多，因此我這樣的特殊經銷模式，大家都非常高興，也贏得許多讚賞！」於是，民國五十六年政大畢業、五十七年當第一士官學校英文教官（在中壢）、五十七年八月考進三菱的潘勝正，隨後也為自己賺進了人生的第一桶金，他更說：「因為當時三菱規定公司車用了幾年就必須淘汰，因此民國五十八年我花了五萬元跟三菱買了一台日產（NISSAN）勝利牌

（CEDRIC）的舊車，然後我就請公司的司機下班後教我學開車，我學了一個月後，就開著黑頭車去上班了。以前規定要先拿學習執照，等三個月後才能去報考拿正式駕照，因為那時候沒有駕訓班，連路上的車都很少，像民權東路、仁愛路這麼大，我前面沒有車、後面也沒有車，整條大馬路只有我一個人在開車，只要綠燈行、紅燈停，懂得踩剎車就行，絕對不會出問題。因為那時候的人一般都是坐公車；比坐公車好一點的，近一點的騎腳踏車，再有錢一點的騎摩托車；最有錢的騎〝速克達（Scooter）〞，沒有什麼人開車，這也讓我深深體會到，**若要比人更高一等，一定要比別人更加用心，而非只是投機取巧就能不勞而獲。」**

2. 買房買地，投資獲利驚人，終身受用無窮

到了民國五十九年，一位日本人語重心長地對潘勝正說：「你要記得認真工作、認真存錢，等存了一些錢以後一定要買房或買地，

因為台灣和日本一樣都是島國，當經濟起飛的時候，房地產就會跟著飛漲。」這段話深刻烙印在潘勝正的心裡，影響深遠。「所以民國五十九年時，我就在仁愛路四段三十五巷，就是台北東區頂好商圈正對面的巷子，以前叫〝台北市名人巷〞，買了一間四十坪的預售屋，當時的房價每坪一萬五千五百元，銀行可以貸款百分之八十五，所以那時候該繳的錢不多。我最記得當初每次要回家而有空的時候都會跑去工地晃一下，因為怕它蓋不起來，但後來看到工程進度持續進行的時候就放心許多了！等到民國六十年蓋好了，我一住就住了四十幾年，後來賣掉的時候，房價大約是當年的四十幾倍，如果是現在的話，每坪大約七、八十萬，漲幅就更大了。」

雖然不是賣在最高點，但仍然賺了一筆大錢，另外還有「葉財記鑽石雙星大樓」，位於敦化南路上，政商名流雲集，「當時別的建案每坪賣五萬多，他們就賣九萬多，但真的蓋得很好。我的辦公室買在三樓，望向窗外剛好看到樹梢，還能直接看到對街的世貿大樓，景觀很美，所以我不認為辦公室一定要買在高樓層才好，像以前三菱在二十一樓，碰到停電，大家都到附近喝咖啡，沒有人要上去上班，因為二十一樓，不要説走上去，光走下來就很累了，誰要上班？！因此我覺得只要能看得到很棒的景觀，讓員工有好的環境可以認真工作就好。雖然我賣掉後曾漲到每坪八十幾萬，但我每坪賣五十幾萬賺了五倍多，也算是很好了。」

潘勝正還曾因緣際會下，向台塑集團創辦人王永慶買過地！「那塊地就在林口的工四工業區，當時是塊自由開發區，本來是王永慶要買來蓋南亞工廠的，他從每坪二百五十元開始收地，最早曾和路中間三塊茶園地的地主接洽，三兄弟承諾會賣，但要等他地收得差不多了再賣，因為這段期間他們還可以繼續種茶賺錢。這一收就收了十幾年，收到每坪將近一萬元，王永慶想説差不多可以蓋了，就去找三兄弟談，沒想到對方獅子大開口，

三千多坪的地每坪要價十萬元，王永慶一生氣不買了，改到工三工業區去蓋，然後命令他的管理處將買進來的地全部割塊賣出，剛開始靠四十米馬路的每坪賣一萬三千多元，比較裡面的每坪賣一萬二千多元。那時候正好公賣局要求我設工廠，因為我的營業額太大，沒有自己的工廠不行，所以我就選了一塊一千多坪靠馬路的地，想說以後比較好賣，就從每坪一萬六千元殺到一萬五千七百元成交。」但後來這塊地潘勝正並沒有用來蓋廠房，放置第三十個月時，因固定幫潘勝正買賣土地的仲介介紹他去看林口高爾夫球場附近一塊八千多坪的地，雖然景觀很好，但坡度太大，可利用的地不足以作為興建別墅之用，因此潘勝正對於這塊地並沒有太大興趣，但就在回程途中，潘勝正一時興起，轉而帶仲介去看了工四這塊地，「結果他一看說，哇！你這塊地不得了，太好了！三面臨路，一面臨四十米，兩面臨十二米的也沒有跟別人的土地連在一起，這樣車子進來還能會車，可以賣到很好的價錢！事實上，那時候那塊地已

經買進來第三十個月，屬於成長期，每坪從一萬五千七百元漲到六萬元出頭，已經漲很多倍了，但當時我並沒有想要賣，所以就開玩笑地跟仲介說，等每坪漲到十萬元我們再來賣吧！沒想到過了一個禮拜，仲介居然帶了一個日本人來辦公室找我談了一個多小時，後來以每坪九萬七千七百元成交，賣了六倍多的價錢，我等於賺了五倍多。」**三十個月的時間，一塊地讓他賺了五倍多，真是何等快哉！**

潘勝正一直記得那位日本人說的話，所以靠房地產賺了很多錢。「我跟仲介說，只要有好的、便宜的，人家要跳樓的都跟我說，不管金額多大多小，我固定給你百分之一的佣金，買十億元，我給你百分之一；買一千萬元，我一樣給你百分之一，不用討價還價，反正這是你多賺的，他一聽後就非常樂意地答應了。所以民國七十一、二年的時候，我又買了一塊林口工三工業區二千二百多坪的地，原先是法院拍賣給一位桃園人的，地點很棒，臨近馬路。和一般廠房用地不

同的是，通常臨馬路的這個面比較窄，縱邊比較深；但我的地剛好相反，所以如果我要分開賣很方便，每個人的面寬都還夠。因此大概五年前，我碰到一位朋友，他跟我說林口工業區旁邊那些違建的廠房都要被拆了，然而他就是其中一間，因為當時他是跟人家租土地蓋的，不是合法的，所以政府要求他們限期之內必須另外買地蓋廠房，否則不但會被夷為平地，還要吊銷執照，所以就來拜託我，看我可不可以賣他一點地，因此我就把最旁邊比較沒有那麼方正但很完整的地，總共四百三十一坪賣給他蓋廠房，為他解決燃眉之急。然而這塊地，我買的時候每坪六萬元，賣給他時以行情價每坪十九萬五千元賣出，但他買得也算便宜了，因為現在已經漲到每坪七十幾萬了，換句話說，我還有一千八百坪的地沒有賣，現在應該有十幾億元的價值，而且我買下來的時候就把地分成兩塊，租給不同的公司使用，每一家每月租金六十萬元，所以一年可以收租一千四百四十萬元，等於成本的一成，所以我真的在土地投資方面賺了不少錢。」

潘勝正在房地產投資上屢屢獲利，除了**相信自己的眼光之外，膽識過人、不畏艱難、志在必得的人格特質，也是他成功的關鍵。**「因為我的想法跟別人不一樣，我認為只要我看中這個房子，我喜歡，我就會下定決心買下來，就像林口工三工業區這塊地，因為它經過法院二拍、三拍下來，價錢很差，屋主不搬走，法院也沒點交，得標人也很苦惱，所以通常一般人不會想要買這種有糾紛的房子，因為佔住的人可能趕也趕不走。可是我主動打電話給那位得標人，跟他說我想要買這房子，你想賣多少？結果最後談定的金額是一億二千萬元。」

一個禮拜後，潘勝正帶著美國運通銀行的副總、代書和太太一行人浩浩蕩蕩準備要去簽約，沒想到對方卻改變主意！「他說因為房地產要漲了，所以不能賣給我，我說我們不是上個禮拜就講好了，他說如果我非買不可，就要再加二千萬

元，我想一般人遇到這種狀況都會打退堂鼓，氣跑了；可是我不一樣，反而一直跟他談，從早上十點多談到下午五點多，後來他看我這麼有誠意，所以願意降二百萬元給我，賣價變成一億三千八百萬元，我後來還是忍痛跟他簽了，但我的條件是，我今天跟你簽約，就會付你一成的訂金，等到我們開始作業之後我會再付你兩成，總共付完三成款之後，希望你能把佔住的人趕走，如果趕不走也沒有關係，我會再給你三個月的時間處理，趕出去了我就繼續付你錢，如果沒有趕出去，我還會讓你再展延三個月，可是這展延的三個月內我不會付你錢，如果這樣六個月之後他還不搬走，不用降價，我就按當時銀行利息大概百分之五來算那三成款的利息就好，這樣你也沒吃虧，因為你本來去銀行借錢也是要負擔差不多百分之五、六的利息。結果可能是因為他多收了我一千八百萬，所以跟佔住的人談得比較大方一點，我們簽完合約十幾天，佔住的人就搬走了，之前他之所以不願意搬走，可能是在等得標人給他錢，結果那錢等於我幫他出了，所以就搬走了。」

好不容易簽完合約、送走佔住的人，但事情還沒有結束，「他說他的朋友不知道他的房地要賣，

■ 潘勝正（右二）與開喜烏龍茶陳老板（右一）於德國克朗斯公司的餐廳用餐。

願意加倍還我已經付的款，希望我能把房地讓給他。一般人可能會很快樂地就把錢收下來，因為才一個多禮拜就賺了已付款的一倍，但我確定要買了，就算多一倍還我我也不賣。我想他的朋友一定認為這個房地的價錢值更多，只是之前不敢買，因為不知道佔住的人什麼時候才肯搬走，所以他說我真有眼光！因為我看中的這塊地真的很棒，就在現在捷運 A7、A8 的中間，一段距離大約六百公尺，一段距離大約七百公尺，所以兩邊來的人都很方便，我光靠這個就賺到了，而且之前佔住的人是專門做橋梁工廠的，所以他的房子非常堅固，牆壁是又大又厚的水泥磚一塊一塊貼掛上去的，雖然偶爾會漏水，但只要把縫隙修補一下就好了，那水泥磚永遠也不會壞。整棟房子有地下室、一樓，然後二樓是半層樓挑高，當初是為了方便大吊車操作每一支好幾十公尺長的橋柱，也因為這樣，所以房屋的載重係數很高，蓋得既強壯又穩固。我買下來之後把它清一清、整一整，過幾個月就租出去

了。我常說買這種房子加土地的最棒！」

　　就像潘勝正以前在北投威靈頓山莊的住家，以及現在公司與住家合一的處所，也都是房子加土地的形式，真是名符其實的「房地產」！「威靈頓山莊的房子八十幾坪、土地一百九十二坪，大概是在民國七十年左右，前屋主因為開立的支票快要到期了，屆時若沒兌現給人家，依據當時的票據法是會被抓去關的，且最長可關到一年，所以他急需要用錢，否則就要跑路回加拿大了。那時候他出的價錢是一千二百萬元，有人跟他殺價到一千萬元，購買意願很高，但一般人正常情況下頂多只會先付三成訂金，然後七成等銀行貸款下來才會再付，可是這對他來說，太慢了，已經沒有時間再等，因此當他跟我說，別人最低出價一千萬元，看我能不能條件再好一點，他就賣給我！但我深知他急需用錢的窘境，因此我說我只能出價到七百六十萬元，雖然價格較低，但今天簽約、

明天就能全數付清，等於幫他解決了燃眉之急，而我也撿到了便宜。不過後來我花了一千五百萬元裝潢和改建，把房子加蓋到一百二十坪，因為我覺得我這一生能住在這裡已經夠大夠好了。我們有五個房間，客廳很大，廚房、飯廳和房間裡的廁所都很大，因為早期美國駐軍在台灣，威靈頓山莊是民國六十幾年菲律賓人蓋給美軍顧問團的美僑居住的，所以格局跟台灣的很不一樣，住起來很舒服。現在威靈頓山莊的房子雖然空著，但市價已經超過一億，因為在山上很靜謐，又可以俯瞰台北夜景，所以我沒有把它賣掉。」

而潘勝正目前居住的處所，佔地四千多坪，原來是民國七十四年爆發十信案的蔡辰洲所有。「因為我住的是威靈頓山莊，所以我都會開車到處繞，主要看的也是別墅，看看有沒有便宜的物件，為了投資以及了解市場行情。那時候聽說蔡辰洲出事了，房子要拍賣，我就跟仲介說我想要買，但又擔心會

有很多人來搶標，後來透過關係知道這次的拍賣規則是先拍賣房子，接著拍賣屋角九百多坪的旱地，最後再拍賣三千七百坪的建地，總共分成三個階段進行，因此就比較安心了，因為除非很有把握能全部標到，否則標到了房子、旱地，沒有標到建地，沒有路上來不行，所以勢必會受制於標到建地的買家，他可以隨意喊漲，賣三倍馬上賺兩倍，而且還能逼你全部買，因為三千七百坪的建地，只買二百坪還是過不了，但你不買的話，房子在人家的土地上，中華民國法律規定，當房與地談不妥時，要拆屋還地。就是因為全部得標的難度實在太高了，一般人不敢投標，望之卻步，所以最後我就順利地拿下了這四千多坪的房子和土地。」

除了林口工三工業區的土地外，潘勝正過去威靈頓山莊的住家、位於農安街目前等待改建的辦公室以及現在佔地四千多坪的處所，資產雄厚，早已不是當年為了賺第一桶金，下班拿著尺一家接著

一家去看場地、量尺寸賣冷氣，常常忙到晚上十一、二點才回家的辛苦上班族；也不再是為了賺取船運利潤差額，而當起類似「旅行社」角色的他了。在房地產投資方面，潘勝正不僅眼光精準，更靈活運用在資金調度上，使投資不只是賺錢，而是賺得更多，「我覺得買房買地最大的好處是，第一它永遠會上漲，因為我們是島國；第二，你沒有錢的時候，可以用房地產抵押跟銀行借錢，假設我的抵押品值一億元，銀行給我設定最高可以借到七千萬元，那我就會有七千萬元的活動資金，而且不影響抵押品的正常收入，譬如租金收入，也不會影響它的增值。如果這個月借七千萬元，賺進來二千萬元，我就可以先還款二千萬元，所以這筆錢隨時可以由七千萬到二千萬到零，或是由七千萬直接到零，而且我的利息負擔非常彈性，支出也能相對減少。因為台灣的銀行跟當鋪一樣，固定資產給他抵押，他就會輕鬆借你錢，所以我隨時有充裕的資金可以去買房買地。」

潘勝正在三菱機械課工作期間，一方面確定未來創業的目標，同時想方設法賺錢、存創業基金，「你必須同時進行，不能第一件事做完再做第二件，否則時間一下就不見了。」所以他於民國五十七年八月考進三菱，民國六十五年五月成立「乙農關係企業」，短短不到八年的時間，築夢踏實。

■ 潘勝正至東南亞參觀包裝印刷塑膠設備展。

三、創業實戰攻略，進入如戰場般的商場

1. 要有強大的野心，凡事以追求第一為目標

「在我的心裡永遠只有一個想法，就是第一。班上有第一名，第一名就應該是我！如果第一名不是我，就算哪裡沒做好，也要有第二名，再不然最壞也要有第三名，至少不會跑到第十名。政大既然有班代表，班代表

■ 潘勝正為乙農集團投資的唐山豪門啤酒廠開幕致詞。

就應該是我；有總幹事，總幹事就應該是我；有學生代表聯席會主席，就應該是我！就是要有這種野心，有了野心之後再來研究方法、達成目標。而且我心裡永遠放著這兩句話：第一句是拿破崙說的：The man who has made up his mind to win will never say "impossible". （下決心取得勝利的人絕不會說『不可能』），所以只要你想做，一定可以找出方法。第二句就是英文諺語 There is no rule without an exception. （有規則必有例外）。**因此你要有好的判斷力，看準一個重點，再經過沙盤推演、研究可行性有多高，然後就要行動，而不是盲目地去做一大堆事，結果收入又少，徒勞無功。做什麼事都要比別人用心才會成功！**」於是潘勝正期許自己：三十歲要賺到一千萬元，四十歲要賺到一億元，五十歲要賺到十億元！

2. 確定目標後，選擇開始實踐的起點

一般來說，不管要成立什麼行業，第一件事就是地點的選擇。

潘勝正說：「一定要以人多的大都市為第一優先」，因為人多才會錢多，錢多的地方才能夠有機會賺多錢，因此以一個國際企業的眼光來說，「要先以自己的國家為中心、國家首都作為根據地開始發展，然後盡量往外擴展，爭取我們周邊開發中國家的代理權，這樣你的發展面就會比較寬廣。」因此選定地點後，就要開始進行市場調查，「必須調查目前全台灣有多少人在做這個行業？如果你要做代理的話，周邊國家有沒有人在做？有沒有做很大？如果沒有，首先要爭取這個地區的總代理，讓你有更多的發展空間；如果有，他們的級別在哪裡？他們的優點在哪裡、缺點在哪裡？然後你要知道如何消滅他的優點、不要有他的缺點，永遠走在他們的前面，你才會成功。」

爭取總代理的目的，就像人家說：「抓住權就抓住了錢，有權就會有錢」的道理是一樣。譬如「我爭取代理專門做酒類、飲料包裝機的美國 MEYER，是當年的第一名；爭取代理封蓋機的美國 ANGELUS，是當年的世界第一。

我一開始就跟他們説，我要做亞洲區總代理，整個亞洲區我都要。因為這個地區對他們來説並不熟悉，而台灣是亞洲區第一個使用罐裝設備的國家，譬如民國六十年公賣局烏日啤酒廠是引進最先進、最快速一分鐘一千罐啤酒充填設備的啤酒廠，在我們周邊還有很多還沒進入這個行業的國家，所以我必須拿到總代理才能去開發。後來整個亞洲太平洋區我們達到百分之八十的市占率，日、韓要買，要來找我；中國大陸統一實業他們要買，也要來找我。」

3. 搶下全世界百分之五十的代理權、百分之六十的市場

民國六十五年，潘勝正是第一個年紀輕輕離開三菱的。因為三菱的待遇優渥、工作輕鬆，一個月只要工作十七、十八天，一般人一定會做到退休，領完一筆為數可觀的退休金再走。但潘勝正不但放掉人人稱羨的金飯碗不要，還向同事誇下海口：「我已經確定要做食品飲料整廠設備了，

三年之內，我要搶下全世界百分之五十的代理權，然後搶下百分之六十的市場，結果同事跟我説：你鬼扯，本來就有人在賣了，一定都有人代理了！我説：搶啊！」

積極尋找供應商，爭取代理權

潘勝正憑著流利的外文優勢走遍全世界，參觀世界各地各大相關的展覽會，為的是尋找機會認識世界各國頂尖品牌的大老闆。「我曾經有一次，從台灣飛美國、美國飛法國、法國飛德國、德國飛義大利，繞世界一圈，花了二十五天。因為大老闆或高階主管不一定全程都在，但至少會有一天在，我必須和他們面對面，用誠心和能力説服他們，我絕對比你們現有的代理商更好，我在世界最大貿易公司～日本三菱商事服務過，對於販售食品飲料設備相當有經驗，與台灣公賣局和各大飲料廠都保持相當良好的關係，我絕對會是你們最好的選擇！一定要直達天聽才有辦法搶下代理，不能只認識區經理，因為區經理上面還有部門經理、部門經理

上面還有副總經理，所以至少要能認識到副總經理，然後總經理，最好是連董事長都認識。」

「我通常是展覽會的前一天，大家場地佈置的差不多時，就會到展場找一家我認識的，向他們借一張工作證進去，然後開始做功課，了解參展的公司有哪些，隔天一早開展後，就可以去爭取我認為最有用的代理權。第一天一大早進場前，趕快買一本參展商目錄，雖然很貴（大約十五至二十五歐元），但一定要買，並先查看哪幾家是重要的，一定要先去拜訪，這樣才能爭取代理的先機。」

「我判斷要不要代理這家公司的方式是，以排名做為優先考量，也就是第一名的優先，然後以此類推。最好的方式是同時代理第一名和第二名，因為在很多國家，第一名和第二名都拚得你死我活，就像左手打右手、右手打左手一樣，不知道哪一個會贏，看誰出的力大就贏了，也就是誰願意降價，生意就拿走了。因此為了避免這樣的狀況產生，同時代理是最好的辦法。但要如何說服他們讓你同時代理？訣竅就是你要向他們保證，他們在不需要強烈競爭的情形下都有生意可以做，你會根據客戶的需求互相分配，讓大家都能拿得到訂單，這是非常重要的。」

因此在封蓋機方面，潘勝正就同時代理了第一名到第五名，看似壟斷市場、不管是誰都得找他買，但其實當中蘊含著潘勝正對客戶的貼心設想，「這樣我就能夠依照客戶的技術程度和資金多寡來決定應該要為他們安排第幾名的封蓋機。因為第一名到第五名都可以用，只是壽命和效率會有些差別，就像車子一樣，TOYOTA、NISSAN 這些平價車和勞斯萊斯、賓利、賓士、BMW 等高價位名車，一樣都能行駛、加速、剎車、遮風避雨，只是看客戶的需求而已。以技術程度來說，一個剛起步的客戶，除非他很有錢，否則你給他第五名的就夠了，因為譬如鎖蓋頭壞了，我要教他把它拆掉，換掉壞的零件，但可能修了兩天還沒修好，就算修好了裝上去，可能也不會測精準度，雖然還是能鎖蓋但鎖的不好，這個鎖

蓋頭早晚還是會壞掉，所以最簡單的方式，就像車子有備胎一樣，多準備兩個鎖蓋頭備用，發生故障的時候直接換上去，機器就能很快的恢復運作，不會影響生產效能，壞的就等工程師來做維護的時候再修；但如果賣給他的是第一名的封蓋機，一個鎖蓋頭可能就要二十萬元，是第五名的三倍，被他們折騰下來，可能二十萬元就不見了，甚至會損失更多。但如果現在是可口可樂要買，我會賣全世界最好的、第一名的德國封蓋機給他們，因為他們的技術很好，如果哪一個鎖蓋頭壞了，他們可以先拆下來，等下班時間換掉壞的零件再裝回去就可以了，對他們來說成本最低。以資金多寡來說，我是工程顧問公司，可以把全世界最好的東西放在一起，但如果客戶的資金預算少一點，我可以第一名加第二名的；錢再少一點，我可能第二名加第五名的；經費實在很有限，我全部用第五名的也能運作。」

除了對客戶的技術程度和資金多寡瞭若指掌外，潘勝正對於代理品牌的各項產品特色、優缺點，如數家珍；對於每家供應商的經營模式、獲利比、市場價格、市占率，分析透徹，因此總能彈性配搭出世界上最好、最適合客戶的生產線。「譬如德國 KRONES 是全世界最大、設備最優良的啤酒、飲料設備公司，在技術含量高的地方特別便宜，因為他們每年將營業額的百分之五用來做 R&D（研究發展），是一筆相當大的數目，所以他們在充填機、封蓋機、貼標機等設備的技術特別厲害，因為厲害，所以知道怎麼簡化設備、怎麼節省成本、怎麼做到幾乎零誤差，而且產量大，因此價格範圍比較大，能夠比較便宜，而最具市場競爭力。像以前三菱希望我不要賣德國 KRONES 的貼標機，賣他們的。我說我是三菱出來的，當然盡量賣三菱的，可是問題是人家一年做三千台，你一年做五十台，在價錢和交期上怎麼跟他們拚？他們是把三千台分成二十個機種，一分鐘五百的、五百五的、六百的，設計成同一個機種，機座都一樣，可隨時替換，只要細節稍做改變就可以了，所以不但成

本降低許多，而且交貨迅速，如果客戶急著要，下個月機器就能交給他了；但三菱是接到訂單後才開始製作，而且要做成三台，實在沒辦法跟他們拚。不過，像洗瓶機、殺菌機這種比較笨重、要鋼鐵、要原料、要工的、技術含量沒那麼高的，我一定選三菱，這個第二名的就很厲害了，所以當我把他們最具優勢的設備加在一起的時候，就等於把兩個最棒、最便宜的加在一起，自然所向無敵！」

拿到總代理之後，還要「懂得分門別類找當地人來做子代理商，譬如一個負責飲料業，一個負責啤酒和一般酒類，這樣市場才能面面俱到，如果派自己的人去，不僅不了解當地的文化與市場狀況，反而會浪費許多開發成本，徒增負擔。我開發過那麼多國家，其中最奇特的是韓國，他們的疑心病很重，譬如我把設備賣給可口可樂，他們會不希望百事可樂、Seven Up 知道他們買了什麼設備？什麼時候買設備？所以我賣設備給可口可樂用一個代理商，賣百事可樂用另一個代理商，賣 Seven Up 再用另一個代

理商。而且分別可以和他們接觸的貿易公司大概只有三至五家，你要賣什麼東西，一定要經過這幾家貿易公司，如果你找一家新的去接洽，沒有人會理你。就像我要賣設備給朝鮮啤酒，我的代理商就事先去調查有哪幾家是他們認為可靠的貿易公司，結果我們找到他們常務董事的兒子開的貿易公司，這樣一來不僅能獲得第一手消息，二來他們就不會懷疑我們了。真露啤酒廠也是一樣，他們之前賣烈酒賣的很有名，我們找他們社長的弟弟做代理商，那麼肥水就不落外人田了！韓國人就是這樣做事的。」

滿足客戶的需求，積極開拓國內外市場

潘勝正離開三菱的時候，曾向同事立下「三年之內，要搶下全世界百分之五十的代理權，搶下百分之六十的市場」的雄心壯志，然而這並不是誇大妄想，事實上他早已盤算清楚、胸有成竹。「人家說做生意最怕遇到有人倒帳，做十個倒一個、做二十個倒一個，公司一樣沒錢賺，甚至可能受到連累一起

倒，所以應該要尋找資金雄厚又信用可靠的客戶，而且要先在自己的國家站穩腳步，然後再往鄰近的國家擴展，譬如韓國、東南亞、中國大陸，如果你有特色，也可以朝日本去發展，像我後來也有賣設備到日本去。所以尋找好的客戶，將好的設備、好的資源、好的服務提供給他們，你的生意就會源源不絕，這是我做生意的方法。」

由於潘勝正在三菱機械課工作的時候，就已經開始踏入食品飲料設備市場，和公賣局以及各民間飲料廠都有接觸，「所以公司剛開始的時候規模沒有很大，我就以公賣局為主，加上民間的八大飲料廠，如當時最大的黑松，還有統一、可口可樂、百事可樂、維他露、南亞汽水的維大力，以及後來被統一併購的台玻集團台豐汽水等，開始推廣市場。這樣的好處是，公賣局不會倒，八大飲料廠不會倒，因為他們的獲利都很好，所以我沒有被倒帳的風險。」

然而也未必只和大企業合作，潘勝正就說：「金車飲料本來是以化學品起家，屬於志成化學製藥，專門做噴效殺蟲液、蚊香的，但認為裝冷氣的人越來越多，殺蟲液和蚊香的市場會變小，想要轉向飲料業發展，所以找到我想買設備，但我跟他們說，我們公司現在還很小，只做台灣八大飲料廠生意。因此後來拖延了幾個禮拜才報價給他們，最後還是成交做了這筆生意。所以他們踏入飲料業一開始的設備都是我賣給他們的。」他們一開始是做麥根沙士，雖然很會廣告行銷，但仍然無法瓜分黑松沙士百分九十的市占率。後來金車之所以能在市場上佔有一席之地，主要是因為他的老闆很懂得用人才，在聘用人才上也很敢花錢，因此他就從日本重金禮聘兩位日本人來金車擔任技術總監和廠長，那位技術總監曾在日本很有名的飲料廠服務，資歷非常豐富；那位廠長是以前日本百事可樂的廠長，他們兩個人的薪水加起來就等於台灣三十個人的薪水，而當時金車能夠存活、能夠賺錢，全靠這兩位，尤其是他的廠長，每半年會回日本休假一次，

後來認為沙士可能做不下去了，所以就推薦金車老闆做咖啡，也就是台灣第一個罐裝咖啡－金車伯朗咖啡，在市場上異軍突起，蔚為風潮。他們買了美國 MEYER 一分鐘能產出一千二百罐、日本三菱的一千二百罐、德國 KRONES 的一千二百罐，三條線一分鐘能產出三千六百罐，如果一罐賺五元的話就不得了了，聽說光是這項單品一年就創造了二十幾億的營業額。過了幾年，廠長又從日本幫他們帶來一項賺錢的新產品～奧利多寡糖飲料，我賣給他們德國 KRONES 一分鐘一千瓶，生意正好的時候，一天開二十一個小時，剩下三小時清洗、重新殺菌，然後又繼續開機生產。後來黑松、可口可樂、台豐汽水、三洋維士比也都陸續跟進，但市占率都無法與金車相提並論，甚至三洋維士比買了機器以後，發現市場已經飽和了，只好擱置一段時間後轉做其他產品。所以金車光靠這兩樣東西，就終生吃喝不完了。

在供應商和客戶之間，潘勝正不僅要讓供應商放心將代理權交給他，也要迎合滿足客戶的需求，這當中得做足功課，絕對不像台灣俗諺所說：「抱貓過門檻」，這麼輕鬆容易而已。「為了要說服客戶，一定要懂得比客戶多，讓客戶深刻感受到你讓他花最少的錢，買到最好、最適合的設備去賺更多錢，這樣他以後才會永遠跟著你。所以確定拿到代理權後，一定要去工廠參觀；如果客戶買設備一次超過五百萬美金，在做決策之前，也一定要帶客戶去國外設備原廠參觀。」以增強客戶的信任度。

「我會跟客戶說，你國外供應商原暫時不要做決定，我不只帶你去參觀你想要買的那一家設備，也會帶你去參觀其他家的，你到總公司去看見他們的工廠規模、機器品質就知道了，然後我們再請他們帶我們去參觀一間附近最得意的客戶，去到那兒什麼也不用做，只要往整條生產線的中間一站，看他充填機的運作，如果半小時內都不會停機，就表示這家供應商的設備真的很棒；譬如第四名的設備可能會停一次、第五名的可能會停兩次，這樣客戶

馬上就能感受到不同級別的設備所帶來的生產效率如何，這也就是設備價差的來源，這是最直接的。」

所以潘勝正即使要自掏腰包招待客戶出國、幫忙當翻譯也願意。「我曾經招待一家飲料廠的大老闆和一位高階主管到日本、美國、英國、德國考察，兩個禮拜下來花了台幣一百五十萬元，那時候的一百五十萬元已經可以在台北市農安街買一棟四層樓的房子了。但是那兩個禮拜的朝夕相處，讓我跟客戶建立了一生的好感情，尤其像這種大廠，都是大老闆拍板定案才算數，透過這樣的機會，我就能有更多的時間可以去了解他的起居作息、嗜好習慣，甚至是對於哪家設備特別有興趣，這樣以後我就可以加強那個部分，投其所好。結果他們回來以後給了我二億元的生意，十倍的回報；而且過了兩年後，他們擴充設備百分之五十，又把生意給了我，所以我獲得的回報不只十倍！很多人一定不敢像我一樣賭這麼大，但我有絕對的把握，因為我知道我代理的都是最好的，所以我不怕；而且這些大老闆的『眉眉角角』，我都有信心能夠應付，因為我懂得人性。」

以主要生產設備為中心，積極往縱橫延伸擴展

與客戶建立良好的關係後，「再來，你賣的東西要盡量廣，包山包海，才能跟他們維繫永遠綿密的關係。譬如我是全台灣第一個賣第一條鋁罐充填設備給黑松的，也賣給他鋁罐和鋁蓋。設備的部分，通常久久才會買賣一次，但鋁罐和鋁蓋是正常的需求品，只要他公司開著，缺一不可，像黑松一開始每個月跟我買三十一個貨櫃，其中三十個貨櫃是鋁罐、一個貨櫃是鋁蓋。但因為鋁罐比較蓬鬆，一整個貨櫃都在載空氣，成本算下來比較貴，所以後來大華製罐開始做鋁罐，我們就只有賣給黑松鋁蓋，直到台灣也有人做鋁蓋後，這個生意才停了。寶特瓶也是一樣，我是整個遠東地區最先引進寶特瓶設備的，連吹瓶機、瓶胚機、製蓋機、底杯機，到寶特瓶的生產原料我們都賣。那時候寶特瓶用的是鋁蓋，但台灣做的品質不夠標準，所以全台灣大概百分之九十五的鋁蓋是我從德國進口的，進口多年後，宏

全才開始做，後來他們變成了全台灣最大的製蓋廠。而我們沒有投入容器生產的原因，是怕跟客戶打對台，變成競爭，因此就放棄了。」

賣給客戶生產設備、包裝容器，再賣包裝容器的相關原物料或其他相關材料，總之，「只要看他們工廠裡有什麼、缺什麼，你都可以想辦法代理來供應給他們，如自動倉儲、棧板等，這樣就能一直擴展出去。像以前維他露的舒跑都是用鐵罐，不敢用鋁罐，因為舒跑不含氣體，鋁罐一捏會變形。我就跟他們說，我有辦法，你可以把鐵罐換成鋁罐，又輕又能印刷精美，增加企業形象，也不會生鏽。只要我賣你充填機的時候順便賣你一個加氮氣設備就行了，你在充填之後、封蓋之前，馬上滴一滴液態氮，那液態氮碰到空氣會蒸發變成氣體，所以封蓋後會馬上膨脹，鋁罐就會脹硬起來，不會變形，等消費者開罐喝飲料時，啵的一聲氮就跑掉了，毫無影響，且氮對人體本來就無害，因此不會影響身體健康。」

既然關係有了、東西擴展了，接下來就要發展所謂「一條龍」式的供應。「首先，我們做貿易商，賣生產設備給客戶，從國外找工程師來幫他們安裝、技術指導，然後客戶開始生產飲料。第二步，我們要開始培養自己的工程師，當國外工程師來的時候，讓自己的工程師一邊在旁輔助，一邊跟著學習，等學習到某一個程度的時候，再送他到國外原廠受訓，基於代理商的關係，他們會願意教。因為國外工程師來一趟很貴，像德國 KRONES 的工程師，根據他是總工程師、機械工程師還是電機工程師等職別的不同，一天從一千到一千五百歐元不等，以匯率一比三十五來算，一天至少就要台幣三萬五千元，然後還要負擔他的交通費，幫他出飛機票錢，而且他們規定飛行時間超過四小時就要商務艙，這樣算下來一次差不多就要二十萬元，一年保固期間是我們支付，但過了保固期是客戶要自己負擔，所以我們要訓練自己的工程師來做售後服務，不僅能減少客戶的負擔，還能增進我們跟客戶的互動。像我們就曾經有

一位工程師讓我記憶深刻—楊森泉（Steven Yang），一條生產線的設備，從第一台到最後一台機器都會裝、會修，學習精神非常好，又非常有責任感，所以只要派他出去，客戶都很放心，相信他一定能解決問題，因此到現在我都還是非常感謝他。」

「後來我們甚至做到，當國外工程師來交貨、裝機的時候，會請客戶他們派人來跟我們一起安裝，讓他們可以學習到一些基本技術，等到一整條生產線要交給他們的時候，再安排他們上課，讓他們了解更多。像現在通訊科技那麼發達，我們也不會一有故障就馬上派工程師去排除，畢竟一次也要六千元，所以我們通常會用視訊，請客戶把手機對著機器，告訴我們哪裡出了問題，然後線上指導排除故障，真的排除不了，我們再派人過去解決。如果還是無法處理，我們工程師可以現場和國外工程師視訊，對方透過遠端連線可以在電腦上直接看到這台機器的運轉狀況，然後指導我們的工程師如何排除故障。所以我們佔了很多優勢，這是別人打不贏我們的原因之一。」

「第三步，就是要訓練自己國內的下包商，譬如每一種設備至少要有二至三家下包商會做維修，因為他們自己也會有本來的工作要做，當其中一家無法配合我們的進度時，還有其他二家可以調度配合。像公賣局很多酒廠都會找我們做維修保養，一次合約大概二千萬元，包括需要更換的零件和工錢。我們的下包商全國各地都有，有時候哪個縣市有工程，我們的工程師就從台北過去，搭配當地的下包商就能完成工作。而且除了公賣局以外，民間也有很多飲料廠的設備需要定期維修保養，所以如果我的公司不賣設備了也不會倒，光賣零件和原物料就可以活下去。」

「等到下包商訓練得差不多了，像輸送帶設備、裝箱機、卸箱機等技術含量沒有那麼高的次要設備，我們會找國內的下包商來製作，然後取代國外的，以降低整條生產線的成本，增加競爭力。等到下包商培養得更加成熟了以後，再自己

成立製造工廠，所以我買下『機生公司』，並跟荷蘭最大的酒類、乳品設備商 STORK 技術合作，開始製造生產技術含量較高如充填機、洗瓶機的設備，這樣成本就更低了。」

整個規模完備後，「我已經從貿易商、包工程的工程公司、加上下包商的製造公司，變成工程顧問公司，可以統包工程做整廠規劃了。也就是客戶只要把錢給我們，我們不僅能把所有的設備弄好，連工廠整個建築體都可以請建築師幫你設計規劃，如果是現有的建築物也可以幫你換冷氣、換電燈、做不銹鋼水溝，整個裝修到好。別人很難跟我競爭，連國外供應商都沒有辦法挾制我，因為你不賣給我，我就找另外一家或是有些貴的設備我就自己做，這樣就能獲取最高的利潤。」

潘勝正的生意就這樣一路從台灣擴展到韓國、日本、非洲、東南亞。有時也會當起下包商，「像德國 KRONES 在東南亞有生意，拿下整條生產線的時候，譬如總

價五百萬歐元，結果光成本就要四百八十萬元時，他們就會問我，有些機器像輸送帶、空罐輸送機、棧板機給你做好不好？你要算多少錢？我說那照你合約價打八折，他們就會很高興，因為他們自己要交的其他設備就不用減價了。像我的機生公司也做三菱的下包商，很多康師傅的碗麵包裝機都是我們做的，主要零件由日本供應，其他由我們完成，經過三菱派人來檢驗，驗收通過後才會運回日本掛上三菱名古屋製作所的牌子。」在許多角色的轉換上可以看見，潘勝正可以說是賺錢無設限，幾乎無所不能！

唯一的挫敗

向來無往不利的潘勝正，若要回憶翻滾商場多年有遭遇什麼挫敗的話，恐怕就只有這件事了。「竹南啤酒廠以前叫復興啤酒廠，那時候因為他們整廠的包裝設備同時要買兩條一分鐘各自可生產一千瓶的、兩條一分鐘各自可生產一千五百罐的，所以德國 KRONES 下令我們一定要拿到這個案子，結

果我後來標的價錢非常差，德國 KRONES 說沒關係，一方面他們會賣我更低的折扣，另一方面他們可以給一台機器的就不給兩台了，所以空罐輸送機、鋁蓋輸送機，他們買兩台一千五百罐的，就給他們一台三千罐的加兩個出口就好了。這種狀況，如果是一般民間飲料廠的老闆一定會接受，因為可以少掉一個操作員、少掉機械維修和零件損耗，最多我再減個百分之五當補償。但當時公賣局是委由另外一家很有名的顧問公司負責驗收，他們主要是做石油廠、電廠、化工廠，因為是第一次做飲料廠，所以不是很了解，管得非常嚴，每個字都要照合約唸，因此合約上說兩台就是要兩台，機器運來了扣款驗收，也不准我們安裝，因為他們認為與合約不符，怕自己放行以後被查到會吃官司。雙方僵持很久，所以我不但沒有工程進度也拿不到錢，只能付銀行利息；機器裝不了沒有如期完工，再加一條延期罰款；德國 KRONES 的工程師在台灣滯留，每天錢照算。後來我說我們先把機器安裝起來測試效能，要告再來告，他們終於妥協。效能順利通過後，我提議最快解決的方法就是仲裁，否則告到高等法院、最高法院不知道要幾年，曠日廢時，他們也同意交由公正第三方進行仲裁，因為這樣他們以後比較不會有麻煩。結果仲裁判定我的數量不符以及延期罰款，罰了二千多萬元，加上律師費一千萬元，我總共花了三千多萬元解決了這件事，雖然順利拿回尾款一億多元，總結下來還是虧損了二億多元。當時很多人認為我一定會倒閉，但我還是撐下來了，而且事實證明，這的確是一流的機器，到現在他們已經用了二十幾年了還在用，通常規定十四年就可以淘汰了。」

事實上，以潘勝正處事圓融的智慧，要能迅速解決爭議、不致虧損、化解危機，絕對不是一件難事，但或許是多年專業受到外行的侵犯，寧可虧損也要捍衛堅持，所以他仍然說：「這回還是算贏！」

第 **2** 章

選對行業是
成功的第一步

一、順應時空

變換與時俱進

潘勝正當年選定食品飲料設備這個行業創業，除了看準機械設備主要行銷的是品牌與技術，因此有很大的利潤空間，同時也對整個社會經濟的發展趨勢與市場需求有一番精闢的見解，「我那個時代台灣還算是半開發中國家，普遍月薪都很低，大約一千多元而已，賺來的錢可以夠生活、吃得飽，就很好了，談不上什麼享受，所以大家都喝茶、喝開水，很少有錢買飲料，

■ 潘勝正（右）帶黑松總經理（右二）至美國考察保特瓶設備製造商。圖為潘勝正僱用直升機接待張總的合影。

那個年代台灣是一個剛剛要從貧窮走向小康的社會。人的進步通常是由貧窮到小康到富裕，之後才奢侈，只要進入小康，人們就會在衣食住行方面增加支出，因為小康就是收入減支出小有盈餘的意思。生意最好做的時候就是由貧窮進入小康、小康要進入富裕的階段，這時期的行業最有前途，因為人們開始有錢，不只已經能夠三餐溫飽，並且也可滿足日常生活以外的開銷。等到了奢侈階段，這個國家的進步就會趨緩下來，有錢的人就越有錢，買的衣服可能跟大家差不多，可是因為品牌不一樣，價錢就差了好幾十倍，説不定還是同一家公司代工的，這就叫做追逐奢華，用有錢來表示自己高人一等。現在，台灣可以算是由小康進入富裕的社會了，因為我們的年平均所得超過二萬多美元，雖然和日、韓比起來還是差很多，但是他們的支出水平比我們高出許多，花費更大，日子比我們更不好過，所以他們的富足感、快樂指數反而比我們來得低。」

「我當年選擇的行業到現在，已經行不通了，因為時空背景不同、時機不對了，飲料已經變成大家日常生活的一部分，市場趨於飽和，成長的機率不大，連公賣局的酒類、香菸都衰退了，生意已經沒有以前那麼好做，全台灣的飲料廠至少百分之九十都不再投資，因為他們的機器夠了，人員也夠了，就算品牌要一直推陳出新，也只要同樣的設備更換零組件就行了，所以要重新投入這個行業，像金車由零到有、變成今日這麼大的規模，已經沒有機會了，也就是説賣蚊香的不可能再跑去賣飲料了……」。

「就像買房買地仍然是現在入門比較容易賺大錢的方法，但要像我當年累積財富那樣的速度，時間上應該沒辦法那麼快了，因為由一到十的時候很快，由十到二十可能時間需要加倍，由二十到三十的話，時間又得再往上加個幾倍。因為我買的那個年代是台灣經濟才要開始要起飛的時候，什麼東西都還

很便宜，那時候忠孝東路四段的頂好商圈已經開發了，所以每坪一萬五千五百元；相差幾百公尺，靠近光復南路的大陸大樓，那時候每坪才一萬一千元；我的朋友在永吉路買了一間二十幾坪的房子，我們還笑他買那麼遠，因為那時候松山、南港根本還不算是台北市，但現在永吉路不遠，松山、南港不但算台北市，而且還很貴！那時候大家都沒錢，一個月賺幾百塊就很厲害了，所以幾萬元已經算是大數目了，可能不吃不喝一百個月才能買得起房子，所以那時候有錢買的人就是贏家。我買林口工三工業區的時候每坪六萬元，現在每坪七十萬元，雖然沒有漲很高，但如果現在才買下來，不但投資門檻很高，回收的時間可能要更久，漲幅也沒辦法這麼大了。」

因此，必須順應時空的變換，與時俱進，做一些調整和改變，才會有成功的勝算。譬如台灣的電視節目也和大陸、日本、韓國一樣，接受企業冠名贊助，不僅提高了節目製作的預算與品質，也使台灣的影視產業、廣告產業和企業行銷模式都產生了變化，連觀眾也經歷了不同的視聽感受。「我看大陸電視台的節目，他們一個小時大概只有五分鐘的廣告，這個節目的演出譬如由飲料界最大的統一企業包了，就會在電視螢幕上寫著：『由統一企業冠名贊助』，然後五分鐘的廣告時間還可以介紹公司品牌和主要生產項目；如果，統一企業是出最多錢的廠商，可能出到六、七成，那麼節目進行中仍會標註『由統一企業冠名贊助』的字樣，因為這種廣告效益最大，那另外五分鐘的廣告時間就可以分配給其他的廠商使用。而我們台灣現在大概還是一個小時花掉十幾分鐘在廣告的情況居多，有時候看那些拍得不是很好的廣告看了真的會很厭煩，我就想如果有人賣那種一遇到廣告就會自動轉台的電視遙控器，銷路一定會很好。」

萬一，所從事的行業已經漸漸沒落，轉行也很困難，那麼至少可以想辦法轉型，為自己爭取一些機會。「就像我以前在三菱賣的推土機、挖土機、農業機械等，現在的市場需求已經沒那麼多了，有的人乾脆把舊的機械收一收，稍微維修整理一下，論天或論小時出租，這也是一個方法。還有我們北投早期非常流行的『限時專送』，專門用摩托車載送當地人或觀光客，現在也轉型像美食外送 foodpanda 一樣，我們都會固定請他們到市場去拿訂好的食材或食物，然後付給他們車資和工錢，一趟下來比計程車還便宜，而且更機動、更方便。」

■ 當年潘勝正於美東的二天行程，需拜訪三個州的香煙材料供應商，身為潘勝正的香煙材料供應商的老闆（右）在得知此事後，便與其兒子一同駕駛飛機陪同拜訪，此舉令潘勝正留下深刻的印象。
目前乙農集團仍供應台灣菸酒公司大約 30％的香菸生產用原物料，如菸草、菸紙、濾嘴頭、濾嘴紙、香料、BOPP 膜、銀撕帶等。

二、知己知彼
百戰百勝

　　「知己，是要知道自己的能力到哪裡；知彼，是要知道自己有沒有比別人厲害的地方，也就是所謂的『自知之明』。如果沒有比別人厲害，是不是有吃苦當作吃補的決心，默默自主訓練直到能和別人平起平坐為止；或願意勤能補拙，比別人花更多的時間和精力去努力，來彌補自己的不足；或是別人順著道路直線前進，你能臨時抱佛腳，快速培養出比別人更好的判斷智慧來走捷徑，超越對方？總之，朝著你的目標，比別人更加用心地奔跑，只要肯努力，終有一天還是能贏過別人。」

■ 此為台北市政府頒給乙農公司等之「熱心公益」獎典禮儀式現場，潘勝正（右一）與其他獲獎人合影

1. 有經驗、有技術，
產業外移再創佳績

　　隨著時代的演變、社會的進展，如果自己已經累積了一些技術和經驗，在面對台灣日益高漲的物價水平時，「或許可以選擇到比較落後或發展沒有台灣快的國家去重新創造生存的空間。因為你比他們還在摸索中的人佔優勢，像台灣過去有許多技術產業外移到大陸、越南、泰國、馬來西亞，或很多台灣人移居到這些國家重新創業，因為他們的薪資水平、消費成本比較低，你才有可能獲得更多的盈餘；如果還繼續在台灣做同樣的事，成本越來越高，根本沒辦法賣到大陸、東南亞，只能在國內賣，但台灣的市場真的太小了……。而你在當地不但可以降低成本，還能在地銷售，賣給當地人，也可以往外拓展更多的市場通路，開創事業的第二春。」

2. 有知識、有抱負，
勇闖新興創業之路

　　如果已經學有專精，有知識、有抱負、從小就想創業的人，因著時空的變化，現在時下流行的創業方式也有一些不同，「譬如我們幾個朋友一起籌措資金，一個人出個五十萬元，十個人就有五百萬元，然後就去租一間辦公室，擺幾張會議桌、電腦排排站，就可以開始研究發想創意；或是現在很多創業基地，去租一個小空間，有張桌子就可以做事了，需要影印機、電話、傳真機等，全都包含在裡面，大家共用，如果有客人來訪，也有提供會議室可以使用，電腦因為要隨時帶著走，買一台筆電就解決了，這樣創業的成本最低，等你們弄出一個結果之後，就可以開始召募新創業的創投公司來投入，如果他們認為你們有潛力，最先投入的最便宜，譬如一股十元、二十元，資金一下子就進來了，等過了十年、二十年，就像大立光一樣，可能一股變成幾千元，想想當初你們一個人才出五十萬元而已，股票成長了多少倍？！你這一生

就富有了。現在的趨勢就是這樣，只要你有本事，人人都有機會創業。」

3. 專攻熱門、主流科系，志在躋身知名企業

如果沒有創業的企圖，也可以上大學的時候開始專攻目前最熱門、主流的科系，預備將來進入知名企業工作，獲得高薪。「譬如進入台積電，一年至少賺個幾百萬沒問題，這也是一種選擇。但要進台積電的先決條件是，必須就讀相關科系，如電機、機械、資訊、電腦、電子等，這也是目前高科技所需人才前幾名。而且讀了這些科系，寒暑假還可以到各個公司去實習，也可以在家幫人修電腦，賺點外快，別人拿去一般電器行修，換一塊新的電路板可能要三千元，再加工資一千元，總共四千元，你熟門熟路的可能三千元不到就能拿到新的電路板，就算不收工資都還有得賺，別人看你修得又好又便宜，以後就會來找你修，也許還會幫你介紹客戶。也可以像人家汽車汰舊，拆了賣零件一樣，去收好的零件來賣二

手的，搞不好比新的更好賺，譬如有人不想花三千元換新的電路板，也許一千五百元換二手的也會願意，但其實你收購的價錢更便宜。」

「像我三媳婦紐約大學法律系畢業之後，馬上進入紐約前五大之一的律師事務所工作，年薪四十萬美金起跳，後來因為我大陸那邊有許多客戶需要服務，所以就請他們夫妻搬到上海去，我媳婦就跟她老闆說，我公公要我們搬到上海去，因為要他兒子照料他的事業，你要繼續僱用我，還是我要另外找工作？她的老闆說，妳很傑出，我們會聘請妳在上海繼續發展業務，妳的年薪不變，一樣是四十萬美金，事實上這等於是加薪，因為二十幾年前上海的消費水平跟美國紐約根本不能比。除了年薪以外，每季還提供他們夫妻和孩子回美國的商務艙機票，一年可以回去四次；還有每年補助住宿費八萬美金，隨便他們要住飯店或租房子都可以！後來我媳婦懷第一胎，在上海外國人開設的醫院生產，也是公司幫她出的錢，所以老美的員工福利真得很好，把員工照顧得無微不至。」

三、優先選擇進入門檻高、有利可圖的行業

　　為了能永遠走在別人的前面，不會被輕易的模仿或超越，寧可一開始選擇進入門檻高，如專業性、技術性、智慧性高的行業，「譬如有一家修車廠的老闆，高中畢業就開始修車，到現在他所有頂級的車都會修，甚至連古董車都難不倒他，而且一輛古董車修下來常常都要一百多萬元，因為零件稀少所以很貴，但大家相信他的技術，相信他可以拿到零件，所以都願意花錢請他修。可是如果是一輛裕隆車修一次就要十萬元，客人不飆罵才奇怪，因為什麼樣的車你願意付什麼錢，什麼樣的技術人家就要你付什麼錢。想要賺大錢，就要有與眾不同的專長與能力，而且要比別人更加認真努力，就像學修車一樣，譬如花兩年

■ 潘勝正（右一）帶黑松張總經理（中）與生產部賴經理（左一）至 SEWELL PLASTICS，INC. 參觀美國保特瓶製造設備。

的時間專門去學怎麼修賓士，學得差不多了，再花兩年專門去學修勞斯萊斯，然後 Jaguar 兩年、BMW 再兩年，這樣八年下來所有的頂級車你都會修了，可以不用再領人家的薪水，自己出來開一間修車廠，或者是你的技術比別人厲害，老闆願意花高薪留住你，甚至分紅給你都願意。」

就像潘勝正當年選擇食品飲料、酒類設備行業，以及後來投資古董一樣，只要買的對，沒有時空的問題，永遠都會增值。「我蒐藏了一件大明永樂年代的漆器，至少可以賣到一億元。因為永樂皇帝非常喜歡漆器，所以在皇宮裡設了一個『果園廠』專門生產漆器，漆匠師傅花了二～三年的時間幫永樂皇帝製作了全世界僅有四件剔紅雙層花紋圓漆盤，分別是菊花 x1、牡丹花 x2、茶花 x1 等四種花色的漆盤，目前二個花色，牡丹花盤和茶花盤各一個典藏在北京故宮博物院，一個牡丹花盤典藏在香港藝術博物館，而我蒐藏的是『雙層菊花盤』，立體感非常棒！前三個漆盤都保存在博物館裡，不能拿出來賣，只有我家這個，屬於個人蒐藏，可以在市場上買賣，**因為雙層盤既耗工又耗料，且要有高超的技術，所以除了永樂這四個盤子外，之後到現在就沒有人再做剔紅雙層漆盤了，其珍貴性可想而知了。**像曹興誠珍藏多年的『清乾隆料胎黃地畫琺瑯鳳舞牡丹包袱瓶』，十幾年前買的時候是台幣九千九百六十萬元，今年由蘇富比幫他拍賣，行方預期成交價超過港幣二億元，折合台幣大約七億二千萬元！會這麼貴的原因是，料胎就是玻璃，把琺瑯彩塗在玻璃上，需要在同一個溫度或以接近玻璃熔點的溫度施釉，這個技術難度極高，非常困難，而且當時中國沒有這種技術，是西洋傳教士用歐洲的技術和釉料來製作的，所以清朝康熙、雍正、乾隆時期的玻璃都很昂貴。」

不過，要像潘勝正、曹興誠一樣「買的對」並不容易，「蒐藏古董不僅要有錢，還要有知識！如果沒有足夠的知識，很容易道聽塗說買到贗品。2008 至 2009 年，我去中國北京清華大學美術學院學了一年古董鑑定與評估，所以我有中國職業藝術品經紀人的執照；2015 至 2018 年間，我跟我太太去中國北京

清華大學上了一年課，然後到蘇富比藝術學院在北京、紐約、洛杉磯、倫敦，只要有蘇富比的地方都去，因為它是全世界最大的拍賣公司，各地也都有在教學，就這樣學了差不多二年，接下來寫了半年論文，終於在 2019 年 3 月 29 日拿到蘇富比紐約藝術學院的碩士畢業證書，我跟我太太這樣算下來，應該一個人花了三百多萬元。所以是不是古董，等你訓練到某一個階段，肉眼一看就能知道是真還是假，因為你的修養夠高了；但如果是很貴的東西，譬如這是佳士得拍賣的，我會請他們提供狀況報告給我，所謂狀況報告就是清楚描述這個物件哪裡有黑點或小破損等等缺點，通常他們每件藏品還會提供幾十張的照片，從頭到尾所有可以拍到的地方通通照下來，鉅細靡遺，以免日後有爭議，然後我就會把那些照片轉給我配合的專家們一起看，如果幾個專家意見一致就沒問題了，如果其中有一位意見不一樣，我們就會探討為什麼那位跟大家的想法不同，找出答案，然後再決定要不要買，所以絕對不會買到假的。這樣長期下來，好處是你可以和以前的皇帝、古玩藏家一樣，鑑賞、把玩他們所鑑賞、把玩的東西，第二是每件古董的藝術含量很深，多玩、多接觸，可以提昇你的鑑賞力，像我已經玩古董玩到成為所有拍賣公司的 VIP 了，所以我拍賣不需要交保證金，就像我上次參加香港蘇富比坂本五郎五十幾件漆器的拍賣會，他們規定來登記要競標的人，必須先繳交二百萬港幣的現金做保證，以免到時候得標了反悔不買，像我是 VIP 就不用，因為多年交易記錄良好，深得信賴。玩古董的終極目的，除了可以增值以外，還為了能擁有世界第一或唯一的珍寶，可以修身養性、可以提升個人的品味，可以說是有錢人財富最後的歸宿，不然為什麼明朝的鬥彩雞缸杯一個就可以賣到十二億元？！那是成化皇帝為了和他的妃子對飲，所以做了三十幾個，結果現在十七個在台北故宮，北京故宮一個都沒有；還有三、四個在民間流傳，其他沒有了，蒐藏家就是因為它的稀有性和藝術性，所以願意花那麼高的價錢去買。像我蒐藏的大明嘉靖年間的剔紅賀壽毛筆，長度 36 公分，筆頭直徑 3.9 公分，目前全世界沒有比它更大的，那是為

皇太后或皇帝祝壽用的，所以筆的兩頭都剔著『壽』字，而且筆毛全新，表示當時純為祝壽和鑑賞之用，非常具有獨特性，意義非凡，也是我很自豪的一項蒐藏。」

現在，蒐藏古董已經是潘勝正最有興趣，而且也可能是日後投資報酬率最高的項目。「做自己有興趣的事就不會累，做自己有興趣又能賺錢的事，就更不會覺得累！我把蒐藏古董當作一種享受、品味的提昇、學識的增長、鑑賞力的培養，所以我可以一整天都在研究分析，它們只是現在不會賺錢而已，等到有一天一定可以賺很多錢，就像那十二億元的鬥彩雞缸杯被上海龍博物館老闆劉益謙買回去喝酒，一舉成名天下知，有一天他要賣的時候，絕對不只賣十二億元，一定又漲了，名利雙收。我和北京故宮博物院所屬之故宮出版社合作出書，收錄了我一百一十五件宋、元、明、清漆器的蒐藏，只要在書上出現的古董，以後賣的時候都會增值不少。因為有北京故宮的書號，表示我的蒐藏經過北京故宮派員來台鑑定過，認

為確實夠格，才會把書號賣給我，因為它代表的是中國文物的最高殿堂，不是隨便就能把書號賣給他，書號等同於北京故宮的保證與背書，而且我請北京故宮中國漆器首席專家張榮教授幫我主編、寫序，現在書已經出版了。雖然印製二千本，每本成本就要三千多元，但以後絕對值得，原則上世界各大漆器收藏家、世界各大拍賣行、各大圖書館、博物館等我都會送給他們，讓這種高價值的收藏書兼工具書永遠流傳下去，所以原本北京故宮自己出的書，英文都非常簡單，甚至有的連英文都沒有，可是我這本目錄裡的序文、品名、朝代、尺寸、內容等都有附上英文翻譯，這樣老外就更看得懂了。三年後買我古董的人，書也會送給他們，因為北京故宮鑑定後和我簽約，入書的那一百多件漆器三年內不得交易，因為他們不想淪為有心人買賣的抬轎者。我有很多的蒐藏都很棒，以後絕對會賣，但會把最好的、最喜歡的留下來，不會全部賣光。」在興趣、喜好與投資賺錢之間，潘勝正仍然有他的界線拿捏與精打細算。

第 3 章

要做就做金額大的行業

一、由投資金額小、利潤高的行業開始

　　如果想創業，但沒有太多的創業基金、遠程目標尚未十分明確、現階段想先賺點錢的話，「可以先從投資金額小、利潤高、投資報酬率高的行業開始，像珍珠奶茶之類的冷飲店，應該設定幾十萬元就可以起家了，因為它的成本不是很高，只要懂得創造差異性、製造行銷話題，不管哪個行

■ 海峽兩岸 1989 年成立第一個正式經貿訪問團，於前往大陸大連，圖為當時擔任副團長的潘勝正，於門口留影。（除有江澤民、李鵬的接見外，福州、廈門、上海、寧波、北京、大連、武漢等地省、市長，總書記等皆有拜會）

■ 潘勝正與開喜烏龍茶陳董事長（右一）至德國慕尼黑採購克朗斯設備時之合影。

業，都有機會小投資賺大錢！甚至有的人一塊排骨炸了好幾代、一碗牛肉麵賣到國際知名，賺錢賺不完，這可能是他們創業起步時想都沒想過的，但因為他們有 know how、有特色，不僅成功創業，也達到了賺錢的目的。」

而就機械設備來說，則是「小東西至少在技術檔次方面要屬於高檔次的，這樣別人才不會輕易追上，你才有機會能維持高利潤。譬如我早年銷售 FILTEC 液位檢查機、滿瓶檢查機、滿罐檢查機、滿箱檢查機，是所有瓶裝、罐裝

生產線幾乎必備的電子儀器設備。如果沒有液位檢查機，透過伽瑪射線（gamma ray）、X光來檢測，無法快速精準地知道瓶子、罐子中的飲料是否已經充填太滿或不足？是不是已經裝滿？它很小一台，卻很重要，通常會在既有的生產線輸送帶上做兩個架子，把它架在上面，然後配合瓶、罐的高度來調整它的位置，安裝並不困難，但因為它有一個『雷射放射性同位素（ISOTOPES）』，具有輻射性，必須要有執照才能安裝，所以我就直接去美國洛杉磯IDC（INDUSTRIAL DYNAMICS）公司學習這項特殊技術，然後回台灣後必須取得原子能委員會的認可，拿到執照後才能進行安裝。因為它有危險性，所以都會用一個鋁罐裝著，密封送來，通常送來的時候國外都已經測試過了，所以我們只要把它打開來裝到儀器的心臟裡面就可以了。因為它的輻射源半衰期是四百三十二年，可以使用很久很久，用到儀器壞了、

不要了，還要把它拿出來，交給原子能委員會報銷，做特殊廢棄物處理，不然會有輻射的風險，所以我們也會在儀器旁貼上一個輻射的紅色三角形標誌，提醒工作人員不要隨便靠近。因為我自己會安裝了，因此我就跟美國IDC公司的老闆說，你這個儀器那麼小，如果請國外工程師來安裝，費用又那麼高，在這種情況下我只好自己安裝才比較有利潤，加上還要售後服務，因此希望你能給我較優惠的經銷價，結果他說好，原則上他們賣三萬美元，算我批發價一萬五千美元，然後我報價給客戶二萬八千美元，這樣客戶如果去外面詢價，就會覺得我賣得比較便宜，然後看儀器小小的，想說我的利潤應該沒多少，而且我還幫他們省下國外工程師來台灣的費用，光來回機票就幾萬元新台幣了，再加上每天五百美金起跳的安裝費，他們也就不好意思殺價殺太多，頂多再殺個一、二千美元就成交了。但事實

上，就算二萬八千美元減掉一、二千美元，相對於一萬五千美元來說，獲利一萬多美元還是很高，而且是『美金』！在那個年代一萬多美金算很多了！可是沒有它就是不行，所以就是這麼貴，況且整條生產線都是幾百萬美金的設備，一般客戶比較不會去計較或在乎那幾萬美金，所以真的是『賺嘸人知』。曾經有一間公賣局的酒廠一次買二十幾台，我就默默地賺了不少錢，賺得別人心服口服。那時候我賣到大約佔遠東區百分之六、七十的市場。」

　　像液位檢查機一樣，屬於關鍵性設備的還有「釜式殺菌機」。「因為細菌要攝氏一百度以上才會死亡，所以政府規定如果充填機溫度少於一百度的話，一定要經過釜式殺菌機完成殺菌，才符合食品安全標準。那個時候只有日本東洋製罐株式會社在賣這種設備，而且賣得很貴，後來我找到一家義大利的供應商，一台東洋釜式殺菌機大概賣六千萬元，我跟維他露、開喜烏龍茶報價五千二百萬元，他們馬上表示有興趣，我就慢慢降低價錢，他們確定要買後，我就降到四千五百萬元，等和他們簽完合約後，我就跟義大利供應商說，我想辦法幫你們把設備賣到遠東來，我有很多客戶需要這樣的設備，剛開始可能一、二台，慢慢地會越來越多，我希望你至少給我 X 成折扣，當作我們開發市場之用，我保證幫你賣成，他不知道其實我約都簽好了，他想想也對，剛開始確實有必要，所以又降了 X 成，彼此皆大歡喜！我是一級供應商，不但沒有欺騙客戶，還幫他們省了很多錢，而且對於歐洲設備很有信心，相信絕不亞於日本，而我賺的是願意用心去解決問題，創造三贏。人家都說，景氣好的時候大家都賺錢，景氣不好的時候只有厲害的人賺錢，所以成功的人一定有他的道理，我們要找出自己的特色，就會有機會成功。」

二、接下來就做投資金額大、利潤高的行業

1. 點：從金額小的單機開始著手

　　以食品、飲料、酒類設備這個行業來說，一條生產線當中可能有二十台機械設備，雖然目標清楚但遠大，一開始可能無法代理得很齊全，或創業之初沒有那麼多的人力可以服務的時候，可以先從金額小的機械設備開始著手。「我一開始的時候是賣美國 ANGELUS 的封蓋機（CAN

■ 潘勝正（右）與公賣局啤酒廠吳廠長（中），參觀德國 DIESSEL 公司。

SEAMER)，我記得南亞食品維大力汽水跟我買了一分鐘可以捲封五百罐的，那時候我才賣他們五萬多美元，結果他們用了十幾年，想要提高生產速度，就把舊的賣出去，竟然還賣到五萬美元，原因是這台設備非常『粗勇』，用幾十年沒問題，而且精密度又高，幾乎獨占市場，我們在遠東區最好的時候將近有八成的市占率，所以每年都會漲個三～五％，十幾年下來也漲到加倍了。像這種高技術、高門檻，又不要大成本的單機，我沒有那麼多錢賣整條生產線的時候，都專門賣這些。」

2. 線：整條生產線連成一線

等到越來越有能力的時候，就可以逐漸擴張到銷售整條生產線的機械設備。「一開始，整條生產線可以先從國外進口，賣了幾次之後，再從其中找出一些設備，以不影響整線效率的情況下，由台灣本地的廠商來配合製造，增加獲利與競爭力。譬如瓶輸送帶、箱輸送帶、棧板輸送帶等，這些東西都是零組件結合而已，因為世界上鍊條就那麼幾家公司在做，早期台灣幾乎都是進口的，後來才開始有人做。因為國外品牌競爭激烈，加上生產量大，所以價格已經便宜下來；台灣市場太小，生產量不夠大，沒有到那個規模，因此大家都不敢設廠，所以主要零組件還是會由國外進口。但像不鏽鋼的支架、盛水盤、架子，台灣的原物料商就會向中鋼購買不銹鋼，依客戶需要的長寬、厚薄、數量加工後，送到製造工廠來組合，等調整好精密度後再送到生產線使用。因為台灣早期人工便宜，所以我們的成本可以比國外便宜二至三成，如果幾百萬元的生意能省下幾十萬元也很不錯了，對整條生產線來講不無小補。原則上速度一分鐘生產五、六百瓶以下，像裝紹興酒每分鐘生產二百四十瓶就很多了，就可以採用台灣本地製造

的；但如果是一分鐘要生產二千罐的啤酒線，我就不敢用台灣的鏈條了，因為速度太快，差一秒都不行。有時候德國 KRONES 在東南亞接了案子，發現利潤不是很好的時候，就會把工多、料多但技術性不是很高的設備委由我們來提供，我就照他們合約價的八折收取費用，賺到了不錯的利潤，而他們從我這裡省下來的錢，也可以拿去做比較高價位設備的減少優惠，看起來好像總價已減價給客戶，但其實他們的總體利潤還是提高了。」

「像德國 KRONES 這種大公司，如果利潤沒有到達規定的比例都要寫報告，譬如把人事、運輸、廠房等開銷通通算進去的話，他們規定定價通常是直接成本的幾倍；可是以前日本三菱不一樣，永遠營業額第一，所以譬如三菱規定我們淨利 (Net income) 要達百分之二，三菱重工要達淨利百分之二十，如果要符合規定，可能還沒扣掉開銷的毛利 (Gross profit) 要再加一倍才行，但為了達到營業額的要求，部長有絕對的權力決定要賺多少，所以有時候一筆五千萬美元的生意，可以只賺五十萬美元，才百分之一而已，但至少多了這個營業額，帳面上的數字看起來可以好看一點，之後再想辦法從賣零件或其他的地方來補足，所以常常每做一筆大生意，三菱商事說虧本，三菱重工也說虧本。台灣人更奇怪，一般行情大多是成本乘以一點三就賣了，所以萬一出差錯，就很容易倒閉，因為台灣人做生意跟別人不一樣，台灣人每個人都想要『寧為雞首不為牛後』，所以學到一點技術就要自己出來當老闆，結果拚的是以前的老闆和以前老闆的競爭對手，所以價格就一直比拚下去，只要夠工錢就好。但不管是以前日本五大商社和現在歐洲，尤其是德國，就不是這樣，當時三菱、三井、丸紅、伊藤忠、住友五大商社的社長，每個禮拜五都會一起吃晚餐，叫做『金曜會』

（註：日文"金曜會"即星期五的聚會），共同設定一些不成文的規則。第一，我們五家商社的職員，如果有人離職或被開除了，名單會通報其他四家，絕對不准再予以雇用，因為他的忠誠度不夠；第二，因為當時還沒有中鋼，所以五家商社會依照台灣每年不銹鋼的進口量，根據每家商社的產能加上各自的市占率，一起訂出一個市場分配率，共同獲利。大家協商好這次誰多一點，下次換誰少一點，這樣就不會惡性競爭，價格越削越低。現在歐洲也是這樣，幾個跨國大廠之間會先說好，這是我的客戶，你不要來搶，如果你搶我的客戶，我也會去搶你的，大家一起搶到灰頭土臉；你不搶我的，我也不搶你的，這樣大家都有好日子過。」

「尤其台灣老一輩的機械製造商的老闆大多是黑手出身，大部分的觀念都是，只要把技術顧好、價錢降低，生意就會好，比較沒有市場行銷、編列研發費用的概念，像德國 KRONES 營業額那麼大，他們規定營業額的百分之五要用來研發，難怪人家會進步，因為進步，所以他們的量可以越做越大，而且追求輕量化、少材料化、零件簡易化，所以成本可以越來越低，價格可以越來越高。但台灣人沒這麼想，所以幾十年下來，我們包裝業真正由營業額新台幣一百萬元起家，做到一百億元的，一個也沒有，很多都是拚了命在賺錢，但我保證他們每年的獲利一定不高，我覺得賺錢應該要聰明的賺、有技巧的賺，不應該拼命，拼命就沒意思了。所謂技巧就是靠你的心力、腦力、研發力，創造出與眾不同的特色和優勢，如果靠勞力賺錢，錢永遠不會賺太大，因為就算你手腳並用，也只有四肢可以用，就算你二十四小時不眠不休，也頂多三～五天就累倒了，像猶太人最喜歡做的、容易賺錢的行業是律師、醫師、會計師，可是我認為這三種都還是屬於高級手工業，就算全台灣

最厲害的心臟外科醫師魏崢，一天能開三個病人就很厲害了，可能體力就已經到達極限了⋯⋯」

「這也是我後來會結束機生公司的原因之一。當初為了降低整條生產線的成本、增加競爭力，想說與其都交給下包商去做，還不如自己成立製造工廠，所以原本當時在台最大的食品、飲料、酒類設備製造商在林口買地要蓋廠房，後來就直接買下『機生公司』，一進去馬上就能做了，但過了幾年發現開工廠的缺點，當你的產能達百分之百的時候，你的訂單最多也只能接到百分之一百三十，其中百分之三十可以靠加班及外包商，但如果人家給你百分之二百的訂單時，因為台灣的下包商大多是十幾、二十幾人的規模，你就完全沒辦法消化了，所以營業額就受限了；但萬一訂單沒有接到產能的百分之百，無法充分發揮生產力，可能到百分之八十還可以忍受，還能勉強打平開銷，像廠租費、水電費、員工薪資等，但低於百分之八十可能就虧本了，因為你只有成本價乘以一點三倍，利潤微薄，那虧本了怎麼辦？只好成本的一點二倍、一點一五倍也接，最後連一點一倍也做了，這樣的公司怎麼會賺錢？營業額不能無限大，又要維持一定的收支平衡，上、下都被限制住了，而且還要管一堆人，管人是最複雜、最麻煩的，所以我後來就決定回復到以前的下包制，每樣東西至少維持三家下包商，誰有空就來報價，誰做得又好又便宜就給他做，沒有訂單的時候，也不用養那麼多人，遇到維修啤酒廠，規定一天五十個人、一個月要完工時，多幾個配合的下包商就可以人數無限供應，很有彈性；否則就算我的工廠有五十人、一百個人，專門做啤酒廠維修還是不划算。所以後來覺得下包制是比開工廠更好、更適合的方式。」

3. 面：整廠設備一手掌握

由點到線之後，接著就要朝「面」的目標前進。「所謂『面』就是成為工程顧問公司，統包工程做整廠規劃，在這種情況下，就更有機會可以得到更高的利潤。這當中我有一個很大的優勢是，因為我同時代理好幾家世界頂尖品牌的機械設備，對他們的產品瞭若指掌，所以經過我排列組合出來的整廠設備，絕對無懈可擊，再加上我有很多人手、時間可以共用，以及省去和別人合作時所浪費的時間與繁瑣的行政流程，自然我的成本可以比別人低，幾乎沒有人能夠跟我競爭，雖然我的金額比較便宜，但我的利潤並沒有比較少。另一方面，就國外供應商來說，他們也沒辦法挾制我，我看哪家的成本最低、交期最快就用哪家，如果其中一家不賣給我，我就去找其他幾家，再怎麼樣你都只有自己生產的設備，就像五根手指頭有長有短、有強有弱，但我把其他幾家最強的拿出來，在市場上贏的機會還是比較大，這就是所謂的『手指原理』，所以聰明的就不會脫隊，因為我始終站在最有利的地位。」

下一步，潘勝正不僅規劃整廠設備，連廠房建築都要一手包辦！「以前客戶都是現有廠房修繕改建，或者我們建議他們留給我們什麼樣的空間，由他們自己發包建築，等廠房蓋好了，我們的機械設備再進來安裝。通常他們發包時，必須公告一個標，找幾家有資格的建築公司先來比圖，完成後再找幾家營造公司來比製作。但除非你跟建築公司的關係很好，否則沒有人願意幫你畫，因為他要先收你百分之三的畫圖費，就像工程顧問公司一樣，要先收你百分之三的設計費，因為你不一定會給我做，要畫到可以比圖，需要花費很多的心力，如果到時候沒給我做，不是白費功

夫？！所以交圖前必須把費用付清，一般跟建築公司談都是這樣。但我比較有利的是，因為我本來就有下包商，他們以前專門幫人家廠房改建的時候，拆除原本生產線的老舊機器，像洗瓶機、殺菌機都是很大一台，有時候要打牆拆門才能搬出去，好不容易清空了，就要重新補牆、裝門、修天花板、做地板、鋪不銹鋼水溝，這樣細菌才不容易殘留，然後還要裝燈、裝冷氣，還要符合 GMP 設計，甚至是充填封蓋機的無菌室，我都有原本配合的廠商，我也不用去借牌，他們自己都有牌，他們也都知道我拿下標案的機率非常大，因此都願意不用先付錢就出設計圖，如此我就可以幫客戶省下百分之三的畫圖費，這叫做增加競爭者進入的障礙，增強自己得標的優勢。我們現在新的案子都是這樣在談，而且 2020 年開始，我們會建議客戶在廠長室設一個『遠端監控系統』，譬如點到哪台機器，那台機器的畫面就會顯現出來，可以清楚地看到它的運轉情形如何？那個電子控制台上面的速度是多少？一小時的故障率是多少？得到的生產效率是多少？不用到現場，就可以完全掌握整條生產線的運作情況，這是現在的趨勢、工業 4.0 的世界。」

潘勝正全方位的設想，百分之百的整合，不僅將投資規模淋漓盡致的擴展，更創造了利潤的極致巔峰，是真正成功企業家的最佳典範。

第 4 章

如何與客戶及
供應商建立關係

一、如何與客戶建立關係？

1. 已有關係的，深耕維繫

　　選定投入的行業後，該如何進入這個市場？由於潘勝正在三菱公司工作期間，就已經開始與食品、飲料、酒類界接觸，並且有往來熟稔的客戶，

■ 與世界最大鋁蓋製造商 ALCOA 的業務總經理（右）握手合作，代理他們的鋁蓋賣到台灣，當時乙農公司在台灣的鋁蓋市佔率高達 95%。

因此當他自己出來創業時，只須轉換身份，從這些既有的人脈開始重新建立關係即可，不同的是，「過去可能只需要認識到承辦人就好，但現在必須一階一階往上認識，所以初期要和課員打好關係，不然他不願意幫你介紹，同時也怕他的權益會被課長拿走，所以要很有技巧地建立由下往上的關係，最後一定要想辦法認識到總經理、董事長這些最高決策者，因為賣零件、賣單機這些小案子，可能運用課員、課長等承辦人的關係就可以，但如果要賣整條生產線的設備，就要到副總經理、總經理的層級才能決定，以民間飲料廠來說，幾乎都要到董事長決定才算數，下面的人說好，他不一定同意；或是下面的人說好的，當更有影響力的人跟董事長講一講，原本敲定下單的代理商很有可能就被換掉了。因為商場競爭，你能提出更好的設備與價錢，說服對方動心，就能搶下訂單，被換掉的貿易代理商也不敢翻臉，只能〝啞巴壓死兒，有苦說不出〞，不

然以後可能連生意都沒得做，所以實力和關係都非常重要。」

要做到和每家公司上下的每個人都很熟識，需要花很多的心思經營，「原則上逢年過節的賀卡、小禮物都不能少，例如鉛筆、尺這些平時會用到的小東西（有時原廠會提供），廠商們都會蠻喜歡的，因此可以的話就多要一些，每家公司按量分配；如果供應商沒有做這些東西，也可以自己找廠商製作，在鉛筆、原子筆上印上公司名字和電話號碼，免費送給客戶，也算是一種廣告，當他們有需要的時候，手上的筆就可看到電話號碼了，見面寒暄的時候帶上一句：『筆用得怎麼樣？用得還不錯的話，下次再帶來給你。』之類的貼心小動作，讓他們感到親切和用心，這也是一種聯繫感情的方法。如果是總經理、董事長，逢年過節最好自己送禮到家，順便可以聊聊天，建立私下感情，因為在公司不方便講太

多，最多吃飯、喝咖啡，這種親自登門拜訪的感情畢竟不一樣，所以每次逢年過節可能都要花上兩三個禮拜才能把禮送完。」

「如果客戶買設備一次超過三、五百萬美金，要是一般人可能會想，這麼大筆的訂單一定要趕快簽下來，免得夜長夢多，但我會為客戶設想，建議他們在做決策之前，可先由我陪他（們）到外國原廠參觀設備實際運作中的案例，讓他安心，同時也在參訪的過程中，和他們建立更加深厚的情誼。幾十年前我曾經帶一家飲料廠的老闆去德國參觀KRONES 製的工廠，隨行的還有他的秘書、財務小姐、廠長和顧問，我們一行人到了離 KRONES 大約四十分鐘車程，慕尼黑的一家飯店準備住宿，結果剛好碰到德國機械大展，一下子湧入許多訂房客，飯店人員忙中有錯，把我們預定的其中一個房間賣出去了，並且飯店當時已經客滿了，

怎麼辦？我問櫃檯營業員那總統套房應該沒賣出去吧？她馬上說，當然沒有！因此，我就毅然地包下總統套房給那家飲料廠的老闆住，雖然是特別優惠七折房價，但一晚也要二十幾萬台幣，當晚他住得非常高興，我們的關係也就更加緊密了，所以後來他跟我說他要去大陸投資二百萬美金開設新廠，問我能不能想辦法把錢轉到香港，我說沒問題，等我們談好生意之後，你把信用狀開到我的德國公司，除了設備款以外多開二百萬美金，我收到訂金後再把錢轉到我的美國公司，然後我再從美國把錢匯到香港，這樣就可以了，所以一回台灣他馬上就跟我簽約了，因此做成了一千多萬歐元的生意。」

當客戶願意把他最真實的一面表現出來時，就表示彼此的關係更上一層樓了，「又有一次我帶另一家飲料廠老闆去德國參觀，結果他問我可不可以先到美國再

去歐洲，我說可以，因為路程沒有差多遠，原來他喜歡小賭怡情，想先到美國拉斯維加斯玩上一晚，隔天再飛歐洲。結果那晚他贏了二十幾萬美金，心情特別好，一到德國看完設備滿意後，馬上就跟我簽約了。還有一位飲料廠老闆，我帶他和他的總經理、生產部經理從日本到美國、美國到歐洲，幾乎繞了世界一圈，帶他們吃最好的、住最高級的飯店，還帶他們從紐約機場坐直升機到紐約市區旅館頂樓降落，比坐勞斯萊斯更氣派，全行程花費，都是我出的，後來跟我比較熟之後，有些話就比較敢跟我講，他說另外一家貿易商就比較小氣，都不會幫他們支付這些帳單。結果那趟回來，他給了我二億元的生意，過兩年又追加工程，再給了一億元訂單。」

然而，公家機關的職場文化又有一些不同，有的人是日子過得平順就好；有的人是〝我要當官〞，而且希望平步青雲、步步高昇，為了升官就要表現良好，為了要有表現的機會，把權變得很重要，所以「一個單位裡頭，A廠可能是廠長最大，B廠可能是副廠長最大，我們就要好好深入觀察為什麼會這樣？B廠可能是廠長過兩三年就要退休，公司顧好就好，已經沒什麼野心了，也不太管事，因此副廠長變成是最大。有的是工務課長最大，因為採購的設備規格都是工務課寫的；有的是包裝課長最大，因為採購回來實際在用的是包裝課，所以工務課寫好的設備規格還要經過他的同意；還有一種是工務課長之下的機電股長最大，因為他是老鳥，什麼機器都見識過，所以譬如我跟廠長提的建議，廠長說好，然後廠長找機電股長來諮詢，機電股長說：『第一、二、三項可以，但第四項不好，我用我的經驗保證，用這個效率不會好，要換別的。廠長你自己決定，看要聽誰的，如果我建議這個要換掉的你

不換，以後效能就由您自己負責；如果我建議的你換了，以後效能就由我負責！』他都這樣講了，廠長通常會遷就專業部門的堅持。所以就是要觀察誰把住了權，然後多去了解他的想法，才能讓生意的推展更加順遂。」

潘勝正印象深刻，一位已經退休的公賣局啤酒廠廠長，以「全台灣效率最好的酒廠」為目標，所以為了堅持一定要用世界最好的機械設備，甚至不惜挑戰採購規定，「他跟公賣總局的承辦人員說，這條生產線的裝箱機、卸箱機、裝棧板機、卸棧板機，要指定德國 KETTNER 製的；充填封蓋機，要指定德國 KRONES 製的；然後洗瓶機要指定義大利的，（因為那時候德國 KRONES 還沒有）其他的設備就隨便你。總局承辦人員說，審計部規定不能只有指定一家，要指定三家或三家以上才可以，你指定了半天全部是潘先生代理的，會有圖利之虞。

但廠長認為：『我要用就是要用世界最好的，我保證我的全年平均生產效率絕對可以達到百分之八十五以上，如果你把我指定的換掉，可以，但全年平均生產效能就由你負責，我不負責！』總局承辦人員說審計部會反對，廠長說：『沒關係，你把我的申請送去審計部，如果審計部反對，我自己去跟他解釋，我一樣會跟他說同樣的話，買我指定的，我一定會照我的保證去做。』後來的確按照他所指定的，採購世界最好的設備。雖然我跟他的關係很好，但其實嚴格說起來，他不是挺我，而是他真的知道我所代理的品牌，是世界最好的！」

2. 沒有關係的，找關係認識或主動聯繫拜訪

當年潘勝正會選定食品、飲料、酒類設備這個行業，是因為這個行業小、中、大型客戶都有，而且還會有新投入者，所以非常

看好這個行業的發展。雖然一開始創業，為了避免被倒帳的風險，他先以過去在三菱公司的資歷與人脈，穩住公賣局和民間八大飲料廠的生意，但他深知中小型客戶的發展潛力不容小覷，在生意拓展上一樣重要，「因為像飲料業、酒類業、食品業，一開始只能投資幾百萬元的時候，會先買『心臟』設備，譬如充填機、封蓋機，然後其他的製程就請親朋好友來幫忙用手工做；等賺了錢以後，生產線的兩頭再慢慢擴展延伸，除了充填機、封蓋機之外，再加上送蓋機、輸送機、卸箱機、卸棧板機，然後封蓋好了以後的貼標機、封箱機、棧板機，甚至速度夠快的時候還會加上自動倉儲，所以客戶從幾百萬元開始，會慢慢地從生產效率比較低往效率高的方向提昇；另外，隨著人工成本越來越高，他也會增加更多的設備來取代人工，也就是說，光一個客戶的可擴展性就很高，他不只可以從兩台設備擴展到一

條生產線，還可能擴展第二條、第三條，甚至一直增加上去，然後隨著時代的進步，從一開始的玻璃瓶裝線，再來鋁罐灌裝線、寶特瓶灌裝線等，這樣一個客戶可能就可以經營一輩子了。」

因此，潘勝正積極地請認識的客戶幫忙引薦同業朋友，「大家都是人，人總會有關係，他們邀約吃飯的時候我就順便跟，跟了幾次以後就熱絡了，接下來就靠自己努力經營了。也可以去找些飲料公會、酒類公會等的單位索取客戶名單，不然規模比較小的就會不知道，容易遺漏，可以直接跟他講：『我要做生意，想認識你們的會員，是不是方便跟你買一本會員名冊？』然後從名冊裡找出既有的、認識的客戶，問他們有沒有跟其他比較熟的、有經常往來的同業，請他們幫忙介紹一下，畢竟人家介紹的，多了一層關係，絕對會比自己直接登門拜訪的效果好一些。真的沒

辦法，必須陌生拜訪的時候，可以說：『公賣局、維大力、維他露都是我們的客戶，我們專門在賣台灣各大飲料廠的設備，先來拜訪你一下，以後如果有需要，可以再跟我們聯絡！』這樣比較能引起對方的興趣，因為這麼多合作的案例，而且都很有名，聽起來會比較有信任感，容易留下深刻的印象，等到他們開年會或舉辦活動的時候，再去露個臉熱絡一下感情，互相認識，慢慢累積新的客戶，這樣就有機會大小客戶通吃了。」

3. 認真記下每家客戶的運作現況與需求

拜訪客戶的重點，除了去辦公室和一般承辦人員聊天，建立由下而上的感情之外，另一方面要有技巧地從互動中探聽一些消息或情報，最重要的就是公司一兩年內是否有相關設備的採購計畫，這樣才能及時把握住做生意的機會。「另外，一定要想辦法

去參觀他們的工廠，了解他們的規模大小，認真地記下他們有多少生產設備，什麼設備、什麼廠牌、什麼時候買的？每台設備都會有一個原廠出廠標示牌，很容易就可以查出這些資料。等每家客戶都調查過了，就可以統計出全台灣使用最多的設備有哪些、哪一家的設備最受喜愛、什麼設備通常跟誰買的？在這種情況下，整個市場的狀況就能全盤掌握。」

也許一般人會覺得這樣的消息或情報已經足夠，但「成功，藏在細節中」，潘勝正會更進一步地仔細觀察每家客戶工廠裡，還有什麼可以賣的？！「譬如他們的產量這麼大了，沒有自動倉儲，我就會推薦他們使用自動倉儲；他們還沒有汙水設備的，我就會建議他們應該要裝設汙水設備，總之只要他們會需要的，我都想盡辦法賣給他們，這樣接觸客戶的機會才會增加，可能一個月就能聊好幾次，慢慢地他們有什麼需要，第一個就會想到我。」

4. 了解商場文化與潛規則，懂得人情世故

　　商場上的爾虞我詐在所難免，不懂得圓融應變，有時不但爭取不到生意，甚至想要存活都有困難，尤其像潘勝正所經手的交易金額都很龐大，如果沒有練就一身「兵來將擋，水來土掩」的能耐，很難在業界屹立不搖。

　　「我有個高中同學是政二代，他有個朋友想要跟我一起競爭公賣局一個啤酒廠的生產線，但他的朋友被審了『合用』，我被審了『合格』，表示我有優先得標權，除非我降不到底價，而『合用』的更便宜，公賣局才會考慮找他來議價，所以我同學打電話來找我，跟我說他有個兩全其美的方法，就是要我給他百分之五的好處，他保證我能拿到這個案子，我說我不過才賺百分之三（事實上當然不止），最多只能給你百分之二做個面子，他嫌錢太少不要，我說那就大家各憑實

力爭取了，他篤定地跟我說我一定會輸掉，我說你官大權大，我又付不起你的百分之五，也不想丟掉這筆生意，所以只好跟你賭一賭，我們是好同學，所以賭贏的人就請賭輸的人吃頓飯好了。結果第二天他打電話給公賣局局長，希望可以把他朋友的審查結果改一個字，就是合『用』改成合『格』，因為我們的競標價格都已經開出來了，但我的金額比較高，如果我們的資格都一樣，我一定會輸。局長礙於情面不能沒有動作，只好交代主任秘書找工務組長來詢問，因為工務組是設備的採購、訂定規格以及資格審查的主辦單位，結果工務組長說：『上面的意思我知道了，不過最後審查的是技正，也就是主任工程師』，所以又請了技正來主秘辦公室，技正說：『因為潘先生在我們公司已經做了幾十年了，他們的設備不曾出過問題，而且標單也寫得清清楚楚的，沒有錯誤，所以我們審查『合格』；但對方可能是第一次來參加投標，

所以有些疏忽或設備本身並不完全吻合，雖然沒有重大錯誤，但我們對他們有一些疑慮，因此審其「合用」。現在既然長官交代，我們做公務員的，當然要百分之百地依從指示，不過希望主任秘書或局長能寫一個書面的字條給我，好讓我有一個辦理變更的依據。』因為他們口頭上說說，以後如果有問題，被抓去關的當然會是這位技正，所以他等於拐個彎不給他們面子，他們也莫可奈何，因為他們當然不敢寫！結果我順利地拿下標案，依約定請我那位高中同學吃了飯。」

商場上形形色色的人百百種，成功從來就不是偶然，除了要求自己精益求精、實力強大、用心經營人脈以外，還得深諳潛規則、懂得人情世故才行。有些大案子，黑道弟兄也會跑來要開標，要好好周旋他們，才不會出亂子。

「這麼多年下來，我大概只吃過一次悶虧，那一次我請一位飲料廠的老闆介紹我去認識一位長官，因為他對我的印象一直不太好，覺得案子都是被我拿走的，所以過年的時候我們就去他家送禮，我事先在禮盒底部放了一個大紅包，結果一直等到他退休都無消無息。但因為跟他的關係不是很好，也不敢去問他，後來我自己推想有三種可能，一種可能是被他老婆沒收了，他不知道；另一種可能是他真的不收，但跟我不熟，又怕以後見面尷尬，所以請那位飲料廠的老闆退給我，但被他拿去沒還我，他知道那位長官不會跟我講，所以我也不會知道；第三種可能就是他真的拿了，但不願意幫忙，不熟不敢講。這是我一生中唯一的疑問，當時我想說要成功就要下重本，在幾十年前那不是一筆小數目，所以我每次想到還是會有點揪心。」

「做生意難免會遇到有人向你開口要錢，這是〝自然現象〞，換另外一種角度想，如果都沒有人來向你要錢，表示沒有人跟你關係很好，那你的生意應該會很難做。譬如有人來告訴我說，他保證這個生意一定會給我做，但事成之後，我必須買一間公寓給他。他會把賺錢的消息放給我，而且敢直接開出條件，表示我們有一定程度的關係，而且他知道我是為了賺錢敢花錢的人，所以有可能跟他達成交易。還有一家飲料大廠的第二代，他已經是家族成員中分紅比例最高的，一樣私底下來跟我要佣金。因為分紅比例再高，如果公司那年沒有賺錢，一樣分不到；但我這裡，只要我和他們公司成交一筆生意，他就能現拿現賺，感覺口袋比較實在。所以哪一個人不是見錢眼開？！看多了就見怪不怪了。」

■ 台灣菸酒公司樹林酒廠，酒類新產線順利驗收後，和廠方主管們合影。

二、如何與供應商建立關係？

從客戶那兒收集來的消息、情報裡，已經知道哪些設備是哪些供應商賣的，就可以從這些資料開始著手進行，了解一下台灣有沒有既有的代理商？如果沒有，就開始和那些供應商聯絡，譬如「我想在哪一個展覽會的時候或直接去你們國家拜訪你們，因為我們台灣有很多客戶都在使用你們的設備，我想先跟你們建立好關係，從零件開始賣起，如果賣得好的話，希望能成為你們的代理。通常他們都會願意，除非他們已經有獨家代理，但有的跟代理商的關係緊密，有的關係疏離，所以還是有方法可以試試看。如果比較難鬆動的，仍然可以去展覽會或去他們的工廠參觀，拜訪認識他們的老闆，也許有其他合作的可能性，甚至展現一下自己在台灣或亞洲地區的實力，說不定還是有搶下獨家代理的機會。如果是關係疏離的，譬如六、七年前曾經賣過他們的設備，後來就沒有再賣過的，那我們新的代理商想繼續幫他們拓展推廣，他們當然願意，求之不得。其實這也是為什麼要多了解客戶需求的原因之一，因為他們買一台設備一用至少十年、八年，如果買的是灌裝包裝生產線，至少會用二十年，除非能推動他們購買其他的設備，或不斷開發新客戶，否則久久才跟供應商做一筆生意，想要維持緊密的關係也很困難。」

■ 乙農集團 潘勝正 總裁 2020 年初攝於以色列

　　「相反的，為了能賣給客戶包山包海的生產相關原物料與設備、滿足客戶的需求，世界各大相關展覽會我都會去參觀，不管什麼我都去看，譬如做寶特瓶的、做瓶胚的、做瓶蓋的、做紙杯的、做紙箱的、做棧板機的、做紙箱機的……，總之，找一些台灣沒有的回來賣，才能比別人早一步搶得先機，創造新商機。譬如公賣局以前生產很多紹興酒，剛開始都用紙箱裝，但怕載到半路因酒瓶相互碰撞而把酒弄破，所以又去買紙隔板來放到紙箱中使用，但因為紙隔板是標來的，材料很差，薄薄、軟軟

的，想要把紙隔板放正都很難，當時也根本找不到機器可以用，以一分鐘生產二百四十瓶紹興酒的設備來說，必須派十六個人在那裡放隔板，非常沒有效率，所以他們請我幫忙找找看國外有沒有什麼機器可以用，我說美國有，但一台六十萬美金，他們說這麼貴，而且只能用美國人用的那種很硬、很漂亮的瓦楞紙隔板，那之前採購的隔板就都不能用了；所以後來我又找到一家瑞士公司的機器剛好符合他們的要求，而且一台只要二十幾萬美金，我趕緊跟供應商簽好總代理合約，因為全世界僅此一家，這樣別人就

沒辦法跟我競爭了。然後我跟公賣局說，你一條生產線要用十六個人，一個月的薪水多少、一年的薪水多少，再加上年終獎金，總共要花多少錢？！一台機器至少用二十年，更何況你不用五年就回本了，非常划算，所以他們後來一口氣買了十幾台。所以去參觀世界各大相關設備展覽會的好處是，你已經有的，可以看看還有沒有更好的，繼續代理；還有缺的，特別是很獨門的機器，趕快代理；再不然，看看有沒有像液位檢查機這種賣二萬八千美元可以賺一萬三千美元，而且一天就能把它裝好的儀器也很好。總之，你接觸的面越廣、看得越多，就會知道哪些你可以代理，然後代理越多，你就永遠都會有生意可以做，像我最多就曾代理到世界一百多家公司的產品。」

與供應商關係的維護來說，以亞洲區區域經理最為重要，一般來說，大部分的公司都不會給他們額外的獎金，意思是一年賣一千萬美元跟賣三千萬美元的都是一樣的薪水，最多只是年終獎金多一點，這不是景氣的問題，而是公司認為沒有必要，因為支付給他們的薪水已經比別人高出許多。「所以要跟他們建立好的關係，要讓他們覺得跟你是麻吉好朋友不是一件很困難的事，譬如我們一起出去拜訪客戶、吃喝玩樂，凡是他們公司可以報銷的交際費或補貼，都由他簽字，可讓他們能夠拿回去核銷；不能報帳的，我全都買單。另外，公司給他們最多打七折的權限，如果我這次跟他們買的金額比較大，我就會跟他們說，你就算我 70.5%，這樣最低，剛好七折不好看，然後我再補你 0.5%，私底下你就跟公司報 70.5%，那我付你 71%，如果是二百萬美金，0.5% 也不無小補了，這也是一種方式。」

「但如果是要請德國 KRONES 來台灣辦一些研討會，推廣台灣市

場的話，就要層級比較高的人同意，所以每家公司一定要認識到區域經理、CEO、總經理才行，這樣萬一跟客戶談生意的時候，臨時殺出程咬金，才能跟他們求救，請他們降價，否則就搶不到生意了。像德國KRONES曾經給我打過對折，然後再給我百分之十的佣金，等於打了四五折，如果不是因為認識他們的高層，很難能有這麼大的權限，所以跟供應商打好關係很重要，如果他們不肯給你低價，你就沒有足夠的談判籌碼去跟人家搶生意；如果他們不肯給你低價，有時你想多賺一點錢都沒有機會。我曾經賣過一千萬美元的生意，賺了二百多萬美元，那次我賣的是義大利的設備，我的競爭對手賣的是日本東洋製罐生產的，譬如一台機器一千萬美元，他通常會報一千五百萬美元到一千二百萬美元，所以我就先報價一千一百萬美元或一千零九十九萬美元，最後再殺到一千萬美元，等對方不跟了，我就把合約簽下來。供應

商方面，老外不知道日本降多少錢，我也沒跟他們說競爭對手是誰，我只說有一個競爭對手跟我們的報價差百分之二十，你們要不要降價？如果願意，生意一定是我們的，何況你們在整個台灣、整個遠東地區都還沒有實績，你們要把廣告算在折扣裡，當作當地的實績，你們才有機會拓展業務，結果他們一聽就降價了，然後我又跟他們說，你們報的報關費、運費、保險費都太貴了，我來負責！通常他們都是報機器價錢的百分之十，我應該百分之三、四就可以，因為我有特殊的人脈關係，這樣又省下很多錢，所以才能賣一千萬美元賺二百多萬美元。然後他們來台灣的時候，就送他們像德國萬寶龍的名筆之類的好東西，他們也很高興，其實對大生意來講，那都是小錢。所以在客戶和供應商之間，我們要懂得抓住他們的心，也要比別人花更多的心思去經營、比別人更認真地做功課、比別人懂得更多，才能比別人容易成功、賺大錢。」

第 5 章

如何利用和客戶、供應商的好關係積極拓展對客戶的供應範圍

一、與客戶的關係好到什麼都賣，什麼都不奇怪

　　當潘勝正已在客戶及供應商之間奠定了深厚的合作關係與情誼，而且經營規模已從點、線到面；供應範圍已由單機、生產線到整廠設備，即使競爭對手已寥寥可數，但他並未停止拓展的腳步，繼續發掘更多創新的設備，幫助客戶提昇生產效率，帶動產業升級。

■ 乙農集團　潘勝正 總裁獲台灣機器工會頒「優良廠商獎」

「以愛之味為例，像鮮採蕃茄、油切綠茶的原物料到成品、裝棧板到入倉庫為止，整條生產線是之前我們幫他們規畫建置的，到後來我們把前段跟生產線不是那麼相關可是必須的部分，譬如蕃茄鮮採進來後的洗、切、榨汁等純處理設備也一併供應，這個部分過去是由別人處理好以後才進入生產線作業的。當愛之味的產品發展到好幾十種，有玻璃瓶裝、鋁罐裝、寶特瓶裝等什麼形式都有，而且產量不斷攀升，連經銷商都有好幾百家的時候，我們就建議他們不能再用以往的傳統倉庫設備了，因為它最大的缺點是，只能堆疊到堆高機可觸及的二至三層，沒辦法再往上，因為堆高機堆不上去了，後來我們供應他們一個全自動倉儲設備，也就是所謂的『自動倉儲』，第一個好處是可以利用興建自動倉儲的機會，以自動倉儲做骨架，外面加個鐵皮或其他材料做成外牆，再加一個屋頂，連房子都有了，而建築成本降低很多；如果蓋到四十米高，可以放到十層的話，和原先一樣大的土地、放兩層一比，馬上省下五分之四的土地成本，以目前台灣的土地價格來說，確實是一筆很可觀的費用。這樣一來不但建築成本、土地成本都降低了，而且由電腦控制的自動倉儲，保證先進先出，不會有放久了過期的『死庫存』，減少資金成本的浪費；還可以馬上從電腦報表中清楚知道各項產品的進銷貨以及目前的庫存狀況，了解什麼產品銷售得最好，什麼產

■ 乙農集團合資公司 -- 唐山豪門啤酒廠獲得最佳明星啤酒獎

品的安全存量不足，要優先排入生產線，以免斷貨；同時透過電腦連線，生產商可以看到所有經銷商目前的庫存數量，經銷商也可以從生產商最新的庫存狀況中看看有沒有需要搶庫存的，免得到時缺貨沒得賣，在這種雙向連結的情況下，生產商與經銷商之間產品的流動更加活絡、有效率，尤其像愛之味這種產品複雜、產量龐大、經銷商眾多的客戶來說，好處真的非常多，所以當我們建議他們做自動倉儲的時候，他們也同意了，我們就這樣從頭包到尾，關係也越來越密不可分。」

客戶基於對潘勝正長期以來的信任，也樂得由他全部包辦，因為他一個人就能全部搞定，不但不用擔心會有個別發包所產生的，譬如空調廠商裝錯位置和設備廠商沒辦法配合、不同廠商各自不同的接點等介面衝突；或如設備廠商原訂裝機的時間，但營造廠商還沒把廠房蓋好等時間衝突，

甚至不用擔心事先要支付一筆廠房總造價百分之三的設計費，反正等潘勝正得標以後，他會把費用加在裡面，之後再一起算就好，「我就是贏在〝別人沒辦法開始〞的，像現在公賣局竹南啤酒廠要新增兩條生產線，結果他們沒有廠房，我就跟他們說，我們幫你們把廠房設計和設備配置圖畫好，你們兩項同時招標，我們一起幫你們做。因為以前我們曾經幫他們更新過舊廠房和用了二十幾年的生產線，把舊的機械設備全部拆除，重新配置新線，更換燈光、空調，把洗石子地改成更加合乎衛生級的 EPOXY 地板，把水泥砌的水溝改成細菌不易殘留的 U 型不銹鋼材質；他們需要無菌生產線，我們也幫他們設置了一間無菌室、裝上正壓機，也就是空氣只能出來不能進去，叫做正壓，這樣就不會有細菌跑進去，總之所有廠房相關的設備設施，我們都幫他們弄得好好的，所以他們對我們的能力和品質很有信心。」

事實上，以潘勝正發展到工程顧問公司的規模與層級，就算只賣眾多設備零件及做歲修的設備維修、保養等，公司也能經營下去，所以與其說他人生以賺錢為目的，還不如說他把研究方法、解決問題當樂趣，因此也意外地賣了很多設備以外的產品，讓自己的生意版圖又擴張了一些。「譬如客戶說他們想要讓棧板上的紙箱在堆高機移動過程中不要滑落，我就推薦他們使用『止滑冷膠』，因為它的好處是，紙箱噴上去經過十幾分鐘後，上下紙箱會黏住，而且紙箱和紙箱之間橫向會產生止滑的作用，所以搬運過程中如果堆高機把紙箱撐起來呈現斜角度的時候，不用擔心紙箱會掉落；等要把紙箱一箱一箱分開的時候又很容易只要把紙箱垂直上提即可，而且不像用「熱熔膠」噴的會把紙箱表面弄破，比棧板裏包用的收縮膜還要便宜好用。還有我們幫客戶裝自動棧板機時，也可連棧板一起賣給他們，這樣他們就不用自己再去找適合的棧板，而我們一次賣個七、八千塊為數不少的棧板，也增加了不少收入，更何況以後他們還會繼續汰換、繼續買；我賣香菸工廠也是一樣，除了設備，整支香菸的原物料，像香菸紙、香菸膠、濾嘴紙、濾嘴棒、菸香料、菸盒撕帶、BOPP膠膜和菸草，我全都有賣。」

更厲害的是，潘勝正還把相關設備擴張到不同的行業去，「給礦泉水的工廠設備也可以賣給做醬油、做牛奶的等等，所以工研醋、萬家香、台農牛乳、將軍牛乳、光泉牛乳、味全牛乳等，都是我們的客戶；還有做舒跑的設備也可以用來做牛頭牌沙茶醬，雖然充填機和封蓋機不太一樣，配合的供應商不同，但其他相關設備幾乎一樣，像洗瓶機、裝箱機、棧板機、輸送機等，我一樣也能賣整條生產線給他們。台灣以前還沒有做化妝品的相關設備時，我也去找設備代理來賣給他們。」

二、掌握和各國供應商做生意的竅門,別人拿他沒轍

為了因應不同行業的需要,潘勝正到國外參觀展覽時又接觸了更多的設備供應商,多年下來,對於各國文化特色、行事風格、商業往來的竅門,累積了不少經驗心得,個人見解精闢獨到。

「德國的設備為什麼可以這麼強,和他們的社會背景、民族性等有很大的關係。以房子來說,歐洲因為地少人稠,每個國家都小小的,所以房子也都小小間,但他們的旅館每一間設計都不一樣,進去裡面都很舒服,因為他們非常注重質感,尤其是德國人深具日耳曼民族的優越感,做事情一板一眼,所

以製造出來的設備相當精細、美觀又強壯,而且以世界最大且最好的包裝設備商 KRONES 來說,他們十分重視研發,因此技術總是處於升級狀態中,久而久之,成本也能大幅下降,並成為全世界最大的飲料設備供應商,且到目前為止都還很難被超越。」

「美國地大、物產豐饒,所以房子要蓋就蓋大間的,有的人說廁所加主臥房十坪已經不小了,但他們都會蓋得很大間,至少十幾坪以上,營造出來的就是氣派,感覺比較粗獷,雖然質感沒有歐洲好,不過美國人做的

機器每一台都很『粗壯、耐用』，因為他們用料不計成本，〝勇〞（＝耐用）最重要，像美國 ANGELUS 的封蓋機是用鑄鐵做的底座，機器又重又穩，沒有特別重擊的話不太會有損傷，用個三、四十年絕對沒問題，所以保值性高，以前我賣給南亞食品維大力汽水一台五萬多美金，用了十幾年，最後轉手時，都還能賣到五萬美金(PS：因這設備每年都會漲價)，高興得不得了，等於用免費用了十幾年。所以雖然不像德國設備以精細著稱，但以『粗壯、耐用』稱霸一方，各具特色，在巔峰時期也曾拿下全世界百分之八十的市占率。」

「日本人製造設備的精神就和德國人一樣求精求細，但不同的是，日本是一個資源缺乏的國家，因此在用料上只能用到最低極限；而德國人除了注重精細之外，還要求堅固耐用，所以用料雖然沒有美國人多，可是絕對不會是最低限度，假設美國用料是 100，德國可能是 80，日本可能只有 60，所以日本車的車身輕、最省油，但引擎沒有辦法那麼好，用當然可以用，只是日本車

很少可以用到二十年以上，甚至撐到四十年，但德國車可以，我以前開的賓士和英國 Jaguar 都開了二十幾年引擎都不必大修，這是日本沒辦法和德國競爭世界第一的原因。」

「而韓國人害怕商業機密外洩，不喜歡與同業的代理商合作，因此相信裙帶關係或非常信賴的代理商，所以我在韓國就有十幾家副代理商，因為飲料、果汁、汽水、啤酒、酒類的代理商都不一樣，尤其是啤酒廠的交易金額都很大，所以光是啤酒就要有三、四家副代理商。」

各國的文化不同，譬如在「殺價」這件事上也能看出端倪。「跟美國人做生意最簡單，因為他們沒有太多複雜的想法，所以他們可以接受你不買，但不能接受殺價這種事。跟他們做生意，只要變通一下繞個彎，他們就拿你沒輒了。譬如公賣局工廠裡裝設的是美國 OTIS 電梯公司的電梯，由台灣奧的斯電梯公司代理，所以維修買零件就只能找他們買，假設美國 OTIS 賣給台灣奧的斯 1 元，台灣奧的斯報價給公

■ 乙農集團 潘勝正 總裁 2020 年初攝於巴勒斯坦

賣局 1.3 元，但公賣局覺得貴，想直接找美國 OTIS 詢價是沒辦法拿到報價的，因為台灣奧的斯是台灣獨家代理，所以我就以美國乙農公司的名義去詢價，美國因為有『反托拉斯法』的規定，凡美國國內的公司詢價，如果拒絕不報價，我可以告他們，而且報的價錢必須一樣，所以美國 OTIS 一樣賣給我 1 元，我就賣給公賣局 1.2 元，便宜台灣奧的斯一成，還穩賺二成。而貨品要從美國運到台灣，到了港口會產生運費、釘木箱的包裝費以及報關費等，通常賣方會加百分之十的費用，然後交由當地的貨運代理 (forwarder) 去處理，我因為 1977 年在美國史丹福大學對面成立了一家公司，所以這個部分我可以直接交給我的貨運代理去處理，大約花費不到百分之五就能完成，換句話說，我又能多賺百分之五，碰到交易金額大的時候，百分之五的收入就會很可觀。另外，像美國 ANGELUS 的封蓋機和 FILTEC 的液位檢查機，外銷價一定都會多加百分之十，所以我一樣用美國乙農公司的名義跟他們買國

內價，這樣就能省下這百分之十，也就是說如果台灣經銷商去跟他們買，在價格競爭上，還是贏不了我在美國拿的價錢。而且美國和台灣沒有租稅協定，所以我的美國公司賺多少錢與台灣公司無關，國稅局不可以去查，那美國政府那邊相信的是會計師，因為萬一會計師作假被抓到，他的牌就沒了，所以今年要繳多少稅，只要會計師查核簽證過就沒問題了。我的會計師告訴我，一個公司單一一個地點最好成立不要超過十年，這樣就算政府單位以後要來查也來不及，所以1977年我在美國史丹福大學對面成立的公司，過了十年我就把它關掉，然後再到洛杉磯去成立乙農加州公司，一個靠近舊金山、一個靠近洛杉磯，雖然是同一州，但美國採行地方自治，我這個市我自己會管好，你州政府管好你該管的就好，你要我給你多少錢，我一年給你多少錢就好，所以不會互相查稅，等過了十年我再把乙農加州公司關掉，再換到另一個地方去重起爐灶。在美國成立公司的好處還不只這樣，像我有很多亞洲太平洋地區的代理權，我賣設備到韓國、日本、越南，都是由美國這家公司出面，譬如我總共賺百分之二十，我可以把其中的百分之十在帳上報列為支付副代理商的費用，如韓國，通常美國會計師會認為合理，因為韓國副代理商是主要在當地幫你做生意的人，但實際上要不要付、有沒有付，由我自己決定，說不定我只給對方百分之五，但因為美國與韓國一樣沒有租稅協定，所以韓國人也不能到美國來查帳；另外的百分之十，我還可以報列百分之五給乙農台灣總公司，因為總公司要賺比較多，美國會計師也會覺得合理，剩下的百分之五我才會老實地繳稅給美國政府。」

「歐洲人本來跟美國人一樣實施『單一售價定律 (The Law Of One Price)』，可是歐洲人也覺得美國人這樣太不通人情，一百美元的商品，客人出到九十八美元你不賣也很奇怪，所以歐洲人一般做生意的習慣是，譬如零件的報價都一樣，如果你是獨家代理，你可以多加一成的利潤去賣，但像那一次我標竹南啤酒廠四條生產線的價格非常差，KRONES 說沒關係，他們會賣給我更低的折扣，然後再從其他地方把應有的利潤平衡回來，像這種

特殊狀況，以 KRONES 這種大公司來說，必須由最高層級的主管做決定，因為一般他們如果利潤沒有到達規定的比例都必須寫報告說明。當然他們也會根據我和他們的關係來做決策評估，而不是人人都能讓他們破例。」

「但日本人跟歐美不一樣，我在三菱的時候，看見三菱重工他們跟人家買，殺價殺最多；也願意接受別人跟他們買的時候，可以大殺價。如果你要繞過代理商跟他們強要報價，他們會報給你一樣 1.3 倍的價錢，因為他們沒有反托拉斯法。嚴格說起來，日本人跟台灣人比較像，我們的 "One Price" 中文叫『不二價』（我的直白翻譯可為 "單一價"，或者為不只兩種價錢，因人而異），但不是大家來買的價錢都一樣，而是每個人來買的價錢都不一樣。像以前去中華商場買伴手禮，每家店都掛不二價商店，可是我只要帶客人去買，不管殺價殺多少，除了成本加上要給我的一成佣金以及他們想賺錢的利潤有了，店家認為可以賣就賣了，客人出九折，他們其實心裡很高興，只是表面上假仙裝作很勉強，厲害的客人一殺殺到八五

折、七折，他可能還是會賣，如果客人買的量多，也許還能殺得更低，只要店家覺得有賺就行了，沒有一定的價錢標準。像以前我在三菱的時候，有一個專門做洗衣機的客戶，那個老闆很有想法，因為以前的洗衣機大部分是雙槽的，就是一槽洗完再把衣服拿到另一槽脫乾，但他說我只做單槽洗衣機，不做雙槽。單槽洗衣機的槽大很多，所以射出成型機的驅動力要加大很多，通常我會賣給他有扭力（Torque）二千到三千噸機器，所以他的機器會比雙槽的貴，可是他不在乎，因為當時和他一樣做單槽的競爭對手只有 1-2 家，他的市占率大約百分之七、八十。他人很客氣，但是很會殺價，早上大概十點多我們就到他們公司，開始聊東聊西、問清楚規格尺寸之類的，等到中午就說我們去吃飯，然後回來以後開始談價錢，他直接從四折跟我們談，但我們希望至少要六折以上，因此怎麼談他就是不點頭，一直撐到晚上工廠都要下班了，最後才以四五折成交，也就是訂價一百萬美元賣他四十五萬美元。所以跟日本人做生意要很小心，不會殺價的人就會很吃虧。」

第 6 章

如何管理人才與
穩定資金調度

一、人事管理
學問多，防範「飼老鼠咬布袋」

　　與客戶、供應商建立了密不可分的關係之後，公司經營的規模越來越大，在「人才」與「資金」方面越加顯得重要，必須善用智慧管理與調度，才能讓公司的經營真正穩當，沒有後顧之憂。

▌乙農集團 潘勝正 總裁 參觀美國 SEWELL 公司的寶特瓶瓶胚模具廠

1. 防範第一招：提供優渥的薪資福利與靈活的工作型態

「公司一大，人一多，就要防範『飼老鼠咬布袋』。防範第一招：首先在『薪資福利』方面，我的做法是，第一要給你的員工有足夠的飯吃、好的生活條件，所以我提供的固定薪資大概會比別人多1~2成，這樣比較能留住好人才，也才能真正找到好的人才；再來，我固定一年會給員工一至二個月的年終獎金，這樣他們年底的時候身上有錢就能安心過年；另外，我們設有專案獎金，譬如工地經理負責管理專案，我就會跟他說，我們公司和公家機關做生意，如果逾期會被罰款，你最大的責任就是讓這個專案不要發生逾期罰款的問題，假設合約規定一天要罰千分之一、兩天要罰千分之二，而你讓工程如期完成、沒有逾期的話，我就額外給你千分之二的專案獎金。千分之二看起來好像很少，可是對一個員工來說，如果一個三億五千萬元的案子，就有七十萬元了，很多人一年都還賺不到七十萬元，所以這也是很好的獎勵。」

在差旅的部分，「我通常對於他們的出差之處不會管得非常嚴，公司是規定出差超過半天，可以報午餐費；出差超過一天，可以報午、晚餐費；如果住在工地的話，每一餐都可以報，所以不影響他們的生活。如果有時候忙到沒有時間請特休，尤其他們大部分都做了一、二十年，每年特休都用不完，公司就會按照加班費折合現金補貼給他們，譬如你今年還有十天特休，我們就算十天加班費給你，合情合理。另外，我規定他們必須開車公出，不要把時間浪費在等車之類的事情上，能更機動有效率地去提供客戶服務，他們可以花個五萬、十萬元去買一台中古車，只要性能好、安全佳，不會一天到晚拋錨就可以了，每一公里公司會補助五元的油錢，這樣連零件維修費、保養費都有了，如果是1500c.c的車，一公里大概一點多元就夠了；如果是2000c.c的車，平均大概二元，也絕對夠；就算買的是全新的車，油錢、保養費、稅金也一定夠，而且車子是他們自己的，假日還可以載家人出去玩，所以這也是一項很不錯的福利，更何況我從來不會去計較從台北到善

化啤酒廠是三百七十五還是三百六十公里，就像他們自己寫從幾點加班到幾點，我也從來不會去查核，因為像這種看得到的東西，睜一隻眼閉一隻眼，就算讓他們賺點小利也沒關係，這樣人家才會幫你賣命，如果這個也要算那個也要算，每樣都要算到清清楚楚，這樣是帶不了心的，我覺得當老闆的人，要懂得該緊的地方要緊，其他的要留給員工一個緩衝的餘地、存活的空間。」

由於國內客戶散佈在全台各地，為了服務之便，潘勝正在人事管理上掌握重點，一樣能瞭若指掌。「像我們有一位工程師因為家住台中，所以在台北租了一個房子，方便平常來公司上班、跟北部的客戶接觸，但如果他去豐原服務客戶，到了禮拜五下午就可以回台中家，假設隔週還要去屏東酒廠、屏東菸廠，那下個禮拜一就直接從台中下去，不用特別回台北公司報到，也就是哪裡有事就去哪裡，不一定要每天來公司，在這方面我們的管理比較靈活，不然你從台中開到台北，再從台北開到屏東，時間不是都浪費掉了，我知道有的公司會規定員工一定要報到，不然不知道你到底是九點還是十點出發去屏東的，但我認為把事情做好比較重要，其他的可以自己安排，所以我只有規定每天早上十點半以前要寫一個報告給我，原則上都是用 Email，也可以用 Line 或 WeChat，可以寫長寫短或條列，隨你喜歡，只要告訴我你昨天做了什麼、今天要做什麼、明天計畫要做什麼，以及什麼時候要投標？什麼時候要開標？什麼時候要送樣？什麼時候要決標？那投標的前一天要先把成本分析算出來給我，我好決定投標的金額；開標之前跟我討論一下價格；決標當日如果我們沒有進底價，隨時打電話跟我聯絡，我知道這些時間點，我的手機就會隨時空著，如果我在公司就隨時打公司電話給我。譬如有國外的大客戶要來，我也需要一同出席的，必須事先告訴我，我可能親自開車去接機或由負責的人員先接待到旅館，然後晚上我再去請對方吃飯。像這樣，我只要知道你在幹嘛就好，沒有規定你今天忙得要死，回家想睡覺了還要趕快寫報告，你可以明天一早九點上班，到十點半以前抽個十分鐘時間來寫。因為

我們的管理相當人性化，所以大家互動得都很愉快，如果我認為誰有問題、誰需要討論，我不會像別的公司喜歡開會解決，我會直接找他面對面來談，如果我發現誰哪裡好，我會褒揚他幾句，如果誰哪裡不好，就會請他改進，我也不會罵人。我不喜歡開會，因為開會很浪費時間，很多人只來聽會，不會發表意見，那他來幹嘛？！所以，譬如跟工地有關係的，我就找跟工地有關的那幾個人來談；跟會計有關係的，我就找會計來談，不用浪費人力物力，找一堆人來陪談。當然，財務要給最信任的人來管，適當的時機要把業務人員送往國外各主要工廠去參觀，去看我們代理的供應商在世界各大展覽會裡的展出，一方面可以認識人，一方面可以看到機器的實地操作，看不懂的時候還有人可以幫你解釋，如此將可增加賣設備時的知識，因為我一再強調，你要賣設備，一定要懂得比客戶多，不然很難取得對方的信任；技術人員也是一樣，你服務的飲料廠、啤酒廠，當國外的工程師來安裝機器的時候，你要跟在旁邊學，順便教導廠裡的操作人員，這樣又學又教，才能夠學得紮實，成為你自己的東西，而不是左耳進右耳出，等到你學到某一個程度，我們要升級的時候，就會把你送到國外原廠受訓，這樣你的技術就會越來越精進，慢慢就能獨當一面。」

根據《DailyView 網路溫度計》分析，網友心目中最棒的企業「幸福條件」第一名就是「完整員工成長、培訓計畫」，而潘勝正早在二、三十年前就已經打造出幸福企業，所以公司人事穩定度高，連已經退休的工程師都還樂意接案（case by case），必要時就近支援維修服務。「我們公司就有一位退休的工程師，已經將近七十歲了，家住台中，所以如果埔里酒廠、南投酒廠的設備有問題，我們還是會請他過去看一下，然後去一天看多少錢，照以前的方式給他酬勞，反正他在家閒著也是閒著，還能賺些額外的收入；還有一位以前做過復興啤酒廠（現為竹南啤酒廠）的工地主任，她雖然嫁人嫁到屏東去了，現在六十幾歲，可是還是會去復興啤酒廠、成功啤酒廠（現為善化啤酒廠）支援，或哪個工地需要她，她也都會去幫忙，不但是一位經驗豐富的工程師，而且還有管理

師、勞安人員證照，非常優秀。他們都是退休之後，自己安排時間接案，反正只是去做個一兩天，有時候還可以順便去玩，譬如從台中到南投去修機器，説不定一個小時就修好了，剩下的時間就可以去玩，來回還是一樣跟公司報工時和交通費，也沒有人在那邊管他們，怎麼會知道他們修了幾個小時，如果他們修了三個小時，結果報五個小時，那也不過多幾百塊錢，這種事就不要太計較，一計較人家不做了，我還得從台北派一個人到南投，往返的時間不是浪費更多成本？！所以我們的制度蠻好的，大家都能受惠其中。」

2. 防範第二招：掌握決策關鍵，杜絕暗地挖洞

看得到的，不需要去查核事實、斤斤計較，因為潘勝正真正要防範的是那些暗地裡收紅包、抽佣金之類的事。「有效防範的前提是，身為老闆的人，應該要非常充分了解自己所承做的工程內容，最好連每個單機、每個程序都懂，這點非常重要，很多老闆都會疏忽

掉，所以最後公司營運出了問題，都還不知道原因。我的做法是，在決策過程中，大的案子我決策，跟客戶簽約我決策，跟供應商簽約我決策，這樣就可以決定出公司可以賺多少錢。決策完以後簽合約，簽完合約後開始發包，有現地工程、空調工程、照明工程、水溝工程等種類非常多的工程，原則上每一種工程都會至少找三家來比價，如果有幾十個合約同時要處理的時候，通常金額不是非常大的，我會自己找下包商的老闆來議價，所以我要懂，如果我不懂的話，譬如養出來的〝老鼠〞就可以事先叫對方幫他加個百分之五的佣金，很多公司到後來都會發生這種問題：『飼老鼠咬布袋』，因為老闆自己不懂，沒辦法控管。我因為不但懂，還跟這些下包商的老闆維持很好的關係，所以每次我要決策之前，都會請他們把以前的資料調出來給我看，同樣的工程，不一樣的內容、不一樣的估價做一個比較，這樣我就能判斷這次應該要給他們多少價錢，如果以前打八五折成交的，我最好打八折開始議價，免得他們把錢加上去，等到這些合約都簽完，〝老鼠〞

就沒辦法作怪了，這時候如果下包商的老闆想請他吃飯、送他一些小禮物，我就會睜一隻眼閉一隻眼，畢竟人情義理，總是在所難免，這種情況下我就不管了。可是大的，不能讓〝老鼠〞有挖洞搬走的機會，譬如本來這東西是三十元，他叫對方跟你報六十元，然後要留一成好處給他，價錢都已經報一倍了，就算我議價到八折成交，他還是賺很多，這樣〝老鼠〞不只會要一成，還可以再多要求一點，所以老闆自己要懂，否則被挖光了還不知道。」

3. 防範第三招：職務代理人制，防範有人拿翹

在人事管理上，還有一種狀況需要防範未然，「同樣的工作至少要有兩個人可以負責處理，這樣他們互為『職務代理人』，公司才不會受制於某一個人，影響運作；同樣的，一個案子至少要有兩個人，最好是三個人共同參與(involve)，這樣就算其中有人拿翹不幹了，案子還是可以進行下去，這點很重要。」

對於公司的管理，潘勝正再次強調，「管理的人自己的能力要強，每一樣都要知道，每個人做什麼都要知道。看得到的，小到幾張衛生紙、幾杯咖啡，睜一隻眼閉一隻眼就好，因為『嚴官府出厚賊』，管得越嚴，反而容易招致反效果；但看不見的，像收紅包、抽佣金這種會影響公司權益的行為，要有智慧地杜絕。這樣才能防止貪污、防止經營失序、防止同事卻不同心，如此大家相安無事，公司能賺到錢，才能相對回饋到大家身上。」在經營管理上鬆緊的拿捏，使老闆和員工之間的相處有緩衝的餘地；對外，潘勝正也在身分頭銜上有一番拿捏，「很多人覺得頭銜越大越好，這樣比較有面子、有地位，但像我的名片從來不印〝董事長〞，而是〝總裁〞，因為一般來說，董事長制是董事長裁決，總經理制是總裁或總經理裁決，所以遇到外人不合理的要求或客戶要殺價的時候，我可以說我雖然是總裁，但這麼大的案子還是要董事會通過，或至少要跟董事長報備請示一下，這樣我才能有退路、有回旋的餘地。而〝總裁〞這個頭銜又不會讓人覺得職位太低、位階不對等、沒有決策權而不願意跟我談，所以我這麼多年經驗下來，覺得這個頭銜讓我進退自如、游刃有餘。」

二、與金融單位打好關係，資金調度好處多

生意做穩了，公司規模越來越大了，很多人以為大公司賺的錢多、不缺錢，就不用看金融單位的臉色了，但其實不然。「公司越大反而借的錢越多，因為做大生意需要的資金更大，偶爾總會有錢不夠的時候，所以更要與銀行維持好的關係。譬如我以前標公賣局竹南啤酒廠八億九千九百多萬元的案子，如果以九億來算，首先就要準備百分之五的押標金，也就是四千五百萬元，但那時候不能讓人家知道我要標九億元，所以至少要給五千萬元，這樣人家才不會一算就知道我要標的金額是多少。等得標了，原先的百分之五會轉進去當履約保證

金，然後還要再補百分之五，總共百分之十的履約保證金就要九千萬元；再來，假設九億元裡面有六億多是設備的費用，剩下的才是現地工程款和毛利，那麼九千萬元加上六億多元，總共七億多元，就算再有錢的人也不會擺七億多元在銀行，所以如果要請銀行開立九千萬元的保證函給公賣局、六億多元的信用狀給國外，我們就必須準備相當價值的抵押品給他，因為銀行跟當鋪一樣，否則風險變成他的，所以我平常就會事先把不動產抵押給銀行，然後設定好額度，不需要用的時候，就不會產生利息支出，可是需要用的時候隨時都可以用。因

為設定額度之前，自己必須出錢找銀行的人去鑑估，然後再找會計師做財務簽證，如果沒有事先做好這些步驟，萬一公司已經欠人家十億元了，就算你有不動產可以抵押也緩不濟急。而且請銀行開立保證函還有一個好處，因為它的利息低於借款利息，可以降低成本，讓我們在資金調度上有些餘裕，可以去因應其他的支出，但重點是，我們跟銀行長期往來的過程中，必須信用可靠，足以讓他們信任，他們才會願意幫忙開立，這就是和銀行維持好關係的重要。」

不但如此，銀行可以幫忙的地方還很多，「譬如不動產的鑑估，通常會有一個彈性的範圍，保守的估可以是七億，但最大值可能可以估到八億不等，這都是銀行說了算；等鑑估出來以後，銀行可以打六折借款給你，也可以打九折，只要在不違法的範圍內，這都是做得到的，就看關係好壞、交情深淺

了。還有，隨時要去標案子所需要的，除了保證函、履約保證金、保固保證金之外，以信用狀來說，如果銀行准許你貨到供應商押匯之後一百八十天或三百六十天之後再還款的話，等於不用再投入現金；如果不是的話，他也有可能要求你即期信用狀的押匯文件到他銀行後，你就得去清償，可是這時候公賣局要給你的錢還沒進來，因為設備都還沒進廠完成驗收，所以還沒有得請款，換句話說，就是你連貨都還沒看到，就要去把錢還清了，這樣一來公司很容易資金周轉不靈，所以和銀行的關係好壞差很多。不過，公賣局會要求『驗收合格後付款』，是因為有一次我碰到有人要來跟我競爭，我就趕緊去跟公賣局訂下了狠招，這招就是如果這個案子三億元，在機器還沒有驗收之前，一毛錢都拿不到，所以至少要先準備兩億五千萬元或以上來花，而且再加上履約保證金三千萬元、每個禮拜要發給工人的工資、每個月要發給

員工的薪水，這樣加一加，為了這個案子至少要準備三億元的資產才有辦法『驗收合格後付款』，要不然撐不下去，結果他們因為這樣不標了，我就順利拿下了案子。」

「與金融單位必須維持很好的關係，道理就像我們和客戶、供應商一樣，他們是供、我們是需，而且不能只跟一家打好關係，至少要兩家或兩家以上，這樣萬一這家沒辦法配合，還有另外兩家可以隨時因應補救。譬如這家銀行經理送件上去，突然處長或審查部說那裡出了問題，本來可以貸給我們八成，結果審下來變六成，欠兩成的錢一下子要去哪裡拿？本來說好要借我們八億，最後卻只能借六億，差二億，不是差二千萬、二百萬，這時候如果沒有另外幾家銀行的好關係就會開天窗了，以前很多知名的大建設公司就是在金融方面出了問題，有的因此倒閉、有的規模縮減，到現在幾乎看不到他們推出什麼大的建案了。所以當公司越做越大的時候，一定要有好的金融關係做為資金的後盾，想要賺得比人家多，就要想的比別人多，用心不一定要苦心積慮地去做，而是自己要有思想，什麼事都要計劃好，這樣才不會有什麼閃失，譬如我留著威靈頓山莊不賣，就是這個原因，需要抵押的時候就能派上用場，平常就放著增值，正如我林口買一億四千萬的土地加廠房，現在已經增值到十億了，房地產就是有這個好處。」

這樣生意穩了、公司穩了、金融穩了，「我就可以放心去做一億、十億，甚至百億元的生意，和做一百萬元的生意花一樣的時間簽合約，可是賺的不知道差了多少倍，也許我執行的範圍會比較廣、完成的時間需要比較久，但對我來說還是划算，因為我就不用到處去接案子，可以有更多的時間去規劃做更多的事。」

第 **7** 章

如何將賺來的錢投入
做為賺錢的工具

一、物業投資

俗話說：「人兩腳，錢四腳」，意思是人去追錢，總比不上用錢去追錢來得快，因為靠人賺錢比較慢，靠錢賺錢、讓錢生錢，才有快速累積財富的機會。「當生意穩了、公司穩了、金融穩了，想要再多賺一些錢的時候，當然第一優先是併購整合和你的行業有關的垂直或橫向的對象，譬如以前我買下機生公司來增加企業本身的市場佔有率；等獲利已經累積到一定的實力基礎後，再把錢拿去投資其他的行業，一般來說有物業投資、股票投資、外匯投資、基金投資等。」

所謂「物業」是指房地產，因為台灣是島國，土地有限，再加上「有土斯有財」、「有房才有家」的觀念，所以有錢的人要買房子，沒有錢的人也要買房子，沒有錢變有錢了就要換更大更好的房子，這就是台灣只有兩千三百多萬人，但建商還是一直蓋、房子還是一直有人買的原因。「尤其現在購屋貸款利率只有百分之一點幾，銀行存款利率百分之零點幾，幾乎等於零，所以把錢放在銀行絕對是不對的，只會貶值不會增值，因此想要增值的第一方向就是投資物業，但投資物業有幾個需要注意的地方…」

1. 買房選地，
   首重地點的選擇

「西洋人用英文說，買賣房地產的訣竅無他，結論在 location，location， location，地點、地點、還是地點，所以選對地點非常重

要，要隨時注意附近有沒有新的道路要開或舊的馬路要拓寬？捷運環狀線會不會經過或延長到這裡之類的，只要選對了地點，賺錢自然就會比較容易。像以前南京東路要拓寬之前，有些政商關係比較好的人早就聽到了風聲，在各個交叉路口或好的地點買土地蓋房子，賺了很多錢，所以想要知道未來哪裡會有重大建設或發展計畫，有關係的人就靠關係探聽，沒關係的人就看電視新聞、報章雜誌，或拜訪各大建案的接待中心，因為他們在推出案子之前一定會先去調查，他們是建商，一定比我們有關係，比較能拿到第一手資料，但他們為了行銷、說服我們買屋，有時就會透露出我們不一定能從電視新聞得知的消息，而且去參觀樣品屋還可以學習到很多東西，譬如建築的樣式、裝潢設計的新趨勢與建材的選用，像我一生中看過不少建案，只要是我認為有投資潛力或建築很特別的建案，我都會去參觀，所以我知道台灣建築物的外牆，從一開始最簡單的水泥粉光或磚造，到貼一顆一

顆的馬賽克磁磚，接著流行比馬賽克磁磚大、表面有凹凸起伏的長方塊磁磚，叫做〝二丁掛〞，然後再進步到貼大理石、花崗石等；窗戶也是一樣，有反射太陽光的、抗UV 的、高氣密的，譬如我們以前辦公室在敦化南路鑽石雙星大樓的時候，他們採用的玻璃和隔音框都是德國進口的，所以面對車水馬龍的敦化南路，卻聽不到來來往往的車聲，而且我們在三樓，望向窗外剛好看到樹梢，整個景觀視野和環境品質都很好。所以只要有好的建案就去參觀，增加相關知識，反正假日人家去逛百貨公司、電影院，你就去逛接待中心，他們為了銷售業績，會很熱情地歡迎你，會鉅細靡遺地跟你解說，只是在你能力範圍內，穿著打扮要盡量讓他們覺得你是一個有能力、有興趣會買屋的人。另外，去每個接待中心要記得放名片，因為房屋銷售人員通常是廣告公司承包後派駐的，而不是建設公司，所以這個建案賣完了，他們又會到下一個承包的地方去銷售，他們手上留有你的名片，之後

就能再通知你參觀新建案，這樣等於你多了一個消息來源的管道。」

除此之外，親朋好友、特定配合的仲介等，都可能是消息來源之一，而潘勝正自己更是勤於四處觀察、走走看看，再與吸收到的知識相互印證、融會貫通，所以買房選地的眼光獨到，總能為他的財富錦上添花再加一筆。「像威靈頓山莊、挹翠山莊、大台北華城等這些高級別墅區，我一有空就到處去逛、到處去看，一方面看人家的聚落，一方面看人家回家的路好不好，譬如有的山城蓋得很不錯，名聲打得很響亮，從廣告中看起來非常吸引人，但你實際現場走一趟，可能就會發現一些問題，有的可能和墓地相鄰，一般台灣人會比較忌諱；有的可能需要途經一段很長的山路才能回到家，而且附近沒有什麼住戶人家，萬一發生什麼事沒有人可以照應；有的房子蓋在山坳處，溼氣重，東西容易發霉，老人家容易風濕痛，住不了多久就得搬走…，所以一定要自己親身體驗，這點非常重要。」

買地，一樣首重地點的選擇。「最簡單的方式就是有錢的時候買建地，較少錢的時候買工業用地，因為工業需求越來越大，工業用地水漲船高，像王永慶後來不蓋工廠的那塊林口工四工業區的地，我買了一小塊一千多坪，三十個月漲了六倍多，等於實賺了五倍多；另外我把林口工三工業區那塊地分了四百多坪賣給專門做電梯零件的朋友蓋廠房，我買的時候每坪六萬元，賣給他每坪十九萬五千元，現在已經漲到每坪七十萬元，所以只要地點對，就算他花三倍多的價錢買，還是能賺得回來，而且賺更多。」

2. 慎選格局，不要把錢浪費在沒有用的空間上

「民國五十九年我在仁愛路四段三十五巷買的四十坪預售屋，也是我自己去找的，住了四十幾年，後來賣掉的時候，房價大約是當年的四十幾倍，而且它的格局非常理想，大門一進去，客廳、餐廳、廚房之間緊密相連，沒有多餘

的走道，整個三房兩廳兩衛的格局規劃，幾乎沒有浪費任何空間。不像以前台灣人蓋的房子大都是屋身很長的街屋格局，浪費很多空間在走道上，那些走道換算成坪數，每坪賣的價錢跟房間、客廳是一樣的；就像陽台，也要選佔地面積小的，很多建商都會標榜陽台大、觀景佳，其實那些都是噱頭，都是建商為了節省建築成本的行銷話術，等你買了以後，一個月會有幾天站在陽台上觀景？！而他們賣給你陽台和室內的價錢卻是一樣的。所以買房的時候要選擇對買家最有利的格局，走道少、陽台小，能不隔間盡量不隔間，採用機動性高的傢俱來達到隔間的效果，譬如用屏風隔開玄關和客廳；用屏風隔開客廳和餐廳，如果平常在家吃飯的機會比較少，可以把屏風收小一些，讓整個視野從客廳延伸到餐廳，空間變得更寬闊，人也會感覺更舒服自在，有時候客人比較多的時候，就把餐廳延伸到客廳一點，然後彈性增加桌位，這樣客人用餐起來就不會覺得擁擠。至於什麼樣的格局才叫做理想？雖然每個人的看法不盡

相同，但至少不要把錢浪費在沒有用的空間上，然後看看別人有什麼新發明、好創意，譬如現在國外最新設計是把馬桶藏在洗手台下方，需要的時候按一個按鈕就會出現，既美觀又節省空間，像台灣的浴廁都小小一間，放個洗手台、馬桶，已經沒什麼空間了，所以很多人都把浴缸拿掉，改用淋浴，讓空間看起來比較寬敞，如果引進這種設計，也許還能省下一些空間來當儲藏室，真正把空間做到最有效的運用，畢竟台灣的房價高，小小的佔地面積換算下來又是幾十萬元的價值了。」

3. 想要低價買進，要選急需脫手者或有糾紛者

「譬如我買北投威靈頓山莊的房子，是我到處走走看看的時候，看到房子外面貼著出售的告示，我就去敲門問說可以進來看嗎？後來聊著聊著知道他急著賣屋變現，因為犯了票據法急需用錢，否則就要被抓去關了，那時候他出價一千二百萬元，後來我用

七百六十萬元買下來，因為一般人沒辦法一次付清，要貸款個幾成，但等貸款下來他就來不及了，像這種急需脫手的房子，賣的價錢才會低。像我去看林口工三工業區那塊地的時候，覺得這間工廠怎麼怪怪的，有人住在裡面，但沒有人在工作，結果一查，發現原來被法院拍賣掉了，因為價錢很差不甘願，所以拒搬，那些人說你要我搬出去可以，看你要給我多少錢，不然我搬走了也沒有地方可以去；得標人也無可奈何，因為拍賣的時候法院有載明不負責點交，意思是我賣給你這個廠房，拍賣完了，不會幫你清光所有住在裡面的人，所以會賣得便宜一點，好讓你自己去跟被拍賣的人解決。因此我會比較建議，如果是一般人想買法拍屋的話，最好看清楚法院標註點交的，這樣他們才會負責處理還住在裡面的人。當初因為那個廠房是不點交的，所以得標人很高興便宜買下來，如果假設法院第一次拍一百元，第二次會拍八十元，第三次則是六十四元，每次打八折一路拍下來，總會有撿到便宜的時候，那就要預留一部份到便宜的時候，那就要預留一部份

的錢，自己負責去處理，但這個得標人沒有這樣做，一方面他覺得棘手，不知道該怎麼處理，二來是因為他得標以後，為了繳清法院的錢，他只好去貸款，但因為沒有點交，銀行不能借給他太高的成數，所以貸款不足的差額就要靠他自己的錢去付，在這種情況下，他想乾脆賣掉算了，所以我就去跟他談，我說我開的條件跟別人不一樣，從簽約到過戶前，我總共會付給你百分之三十的費用，如果你把對方趕走了，完成過戶後我會把尾款一次付清；但如果你趕不走他，我就不再付你錢了，那百分之三十就按照當時銀行利率大約百分之五來計息，但合約仍然有效，等你什麼時候把人趕走了，我們再來過戶，他說這樣也好，所以簽完合約後我們就到地方法院公證。結果他簽完合約十幾天就把人趕走，我們的合約就繼續往下進行，沒想到他朋友看到麻煩沒了，原本就看好那塊地，所以想用一倍的價錢還給我已經支付的費用，但既然我決定買了我就是要，因為我也知道這個地點買到穩賺，只是有糾紛需要解決。」

二、股票投資

　　「我開始投資股票大概在民國六十年左右，那時候的股票跟現在的拍賣行一樣，沒有電子設備，而是證券商把每個股票名稱都寫在黑板上，現在誰出多少、那個人買多少，全用喊的；不一樣的是拍賣行有個底價，然後再一直往上加。因為是用喊的，所以不管是人到現場舉牌手，還是打電話進來，如果你跟他有關係，他先叫你或先接你的電話，你就比較有機會買到便宜的或賣到較高價，因為後面的人說不定不跟了，所以有關係者得。當時股票第一個賺錢的，通常是掌握第一手消息的大股東，第二個是證券商，因為拉抬股價的人必須找證券商配合，所以證券商不僅有手續費可以賺，而且

些人是最賺錢的，那小戶、小小戶、很小戶怎麼賺錢？很多人拿不到內幕消息，就聽電視上那些專家老師報明牌，傻傻的聽他們每個人說得天花亂墜，都說自己說的對，還沒開市前用預測的，開市後中了就大吹特吹，如果有人質疑他說的不對，他就推託說那是我明天要講的，如果他真的那麼厲害，幹嘛有錢不自己賺，還要報給人家賺？！所以報明牌很多都是假的，最實在的還是自己多認真研讀股市趨向，譬如我就專門去淡江大學上證券研修班，學習怎麼看圖、怎麼判斷，總之想賺錢就要下工夫去精修、了解專業，因為股票的缺點就是漲跌大，賺錢容易，賠錢更容易，可以說是賭博的一種，所以寧可自己努力學，也不要隨便道聽塗說，白花冤枉錢。」

有消息可以賺，因為就算是專門接電話的人也會知道，所以私底下透露給其他交情好的客戶或親朋好友，讓他們能搭便車買到賺錢的股票，證券商也能從中得到好處。

第三個賺錢的是大戶，因為操作股票，大股東必須拜託大戶幫忙，通常他們兩者結合就一定能穩賺不賠，因為他可以借券給他賣，他可以借錢給他買，本來大戶就是有錢人居多，而且大戶也可以跟證券行借錢融資，所以以上這

三、外匯投資

「外匯，因為是國家控制的、中央銀行控制的、是全世界流動的，所以一般人沒辦法控制它的價格，不會被私人或一兩家基金公司操控，因為它的金額實在太大了，所以它的風險低、報酬也低，但最大的好處是可以放大三至二十倍去投資。譬如投入新台幣一千萬元去做股票，你只能買一千萬元的股票，如果拿去跟證券商或銀行抵押貸款，最多只有六至七成，而且如果股票市價跌了兩成，他們就會向你追繳，你必須再補錢進去，否則他們會把你的股票賣掉，可是已經跌了再賣掉就更慘了，可能連本錢都拿不回來，因為他們貸給你七成，跌三成你就沒了，還有他們的利息，所以跌兩成的時候他們就會開始給你出清了，而且他們貸給你七成的時候，還不是實給你七成，因為已經先扣利息，所以你只能拿到六成多，也就是你放大倍數才一點六五左右，如果你賺百分之五，乘以一點六五，等於百分之八點二五；可是匯率的風險低，只要是世界八大貨幣，幾乎沒有一種貨幣會在一天內跌超過百分之一，所以最壞情形下他給你變成二十倍買，也就是一天至少跌百分之四、五才會有損失，但這種事情不會發生。實際上你不需要那麼多倍，只要十倍就很多了，十倍等於跌百分之十才會有風險，可是跌百分之十的機會不多，但漲百分之十的報酬卻很驚人，因為放大了，所以只要漲百分之一就等於百分之十，漲百分之

零點一就等於百分之一了，一天之內漲百分之零點二、零點三是有可能的，以新台幣最大的時候跌 0.1 元來說，三十元跌一元，就百分之零點三了，乘以十倍是百分之三，所以

如果你本來只有一千萬元在做，十倍是一億元，百分之零點三是多少錢？是不是很快？！如果做外匯兼做黃金，因為黃金也是漲漲跌跌，但我不建議做白銀，因為漲跌太慢，像死牛一樣不太會翻身，所以黃金當次要，主要做八大貨幣，但八大貨幣不要所有的都對美金，否則有時風險會比較大，要看哪個對哪個比較有利，譬如美金對歐元、歐元對英鎊、英鎊對日圓，也可以日圓對美金、日圓對歐元，總之八個乘以八個能產生很多組合，跟股票一樣，要用心研究、學會看圖，像我的電腦隨時一打開就有即時專業投

資訊息，可以從一秒看到二十年，意思是我要買這個貨幣對 (Currency Pair)，譬如日圓對美金，我可以看二十年前日圓對美金的走勢是怎麼來的，也可以看十年、五年、一年、半年，也可以看三個月，通常就是放著讓那個表十秒跳一次，不只可以看過去的當作參考，也可以看目前正在即時交易的方式，在這種情況下，很容易提升你的思維，不會被人蒙騙。如果你作對了，有機會一年賺超過一倍；如果你很保守，一年賺個百分之十幾、二十也是很正常的事，那也很多了，所以這也是一個不錯的投資方式。」

四、基金投資

「就是所謂大公司的大基金，譬如摩根史坦利 (Morgan Stanley) 這些世界級的公司，他們雖然收取費用，可是他們一年至少會有一次演說、餐會，通常是在年初的時候，他們會介紹今年所有產業的展望、每個國家的

發展情形，一方面你可以吃到很棒的一餐，因為那時候在場的都是VIP；第二，你可以比別人更早知道世界的趨勢，因為他們都是一流的人才所做的研究分析；第三，一個月都會有一到三次的電話報告，譬如今天早上 11:30-12:30，以香港為中心，他們在香港舉辦演講，如果你 11:30 之前打電話進去，他們就會幫你接通這個演講現場，同步聆聽演講的內容，你也可以在電話中提問、雙邊互動，而且電話是免費的，如果你來不及聽，他們隔天會傳送摘要報告的電子郵件給你，讓你對世界趨勢仍然能清楚掌握。如果你委託他們做資產管理的話，雖然必須支付費用，但你會得到很好的照顧，他們會提供你第一手的消息，讓你賺得比別人多，虧得比別人少，因為他們有那個實力。有些要首次公開募股 (IPO) 的

公司也會找他們配合，因為他們管的都是幾百億、幾千億美金的資金，所以他們可以去幫你買政府債券和一些好的基金之類的，這樣多少能保障你的報酬在一定的安全範圍內，因為現在銀行貸款利率大概百分之一點六，而他們的報酬收益至少會有百分之五，好的時候甚至可以百分之十幾、二十，所以雖然他們先賺你百分之二，但如果是一般規模的小公司收你百分之二，還不一定能讓你賺到百分之二。只是他們這種世界級的公司規定得很嚴格，要求最低五百萬美金起跳，如果你說可不可以存五十萬美金，他們會拒絕不受理，因為他們的金額要大。雖然基金投資風險很低，正常情況下不會賠，只是賺多賺少而已，但像過去曾經發生的金融風暴，還是會造成投資動盪，只能說是相對比較安全的投資。」

第 8 章

兼具物質與精神享受
的最高投資境界

一、進入古董藝術領域的源起

將賺來的錢投資物業、股票、外匯、基金，純粹是為了用錢賺錢，加大收益、累積財富，而「古董藝術投資」最大的不同在於，它不但可以有相同的賺錢倍數，甚至可能更快速地替你賺錢，而且還可以培養知識、增長智慧、提高文化素質、提昇社會地位，並且可以隨時觀賞、把玩，充分享受文化的精髓與內涵，讓你的心情非常愉悅，因為你買到的可能是世界獨一、或是極稀少的物件。這種兼具物質與精神享受的最高投資境界就是「古董藝術品投資」。

其實，潘勝正一開始會接觸古董藝術，是因為民國七十三年為了裝潢新家，而從此一頭栽進了古董藝術的浩瀚領域，深受著迷。「那時候我請當時台灣頗負盛名的西畫大師楊興生先生負責牆面的書畫配置，他除了擺掛他自己的多幅西畫作品以外，也掛了張大千、溥心畬、黃君壁、張杰、顧重光這些大師的作品；然後我又買了一些紫檀、黃花梨、酸枝木製作的傢俱和屏風來做家居佈置，結果整個家充滿了藝術氛圍，生活品味提昇了許多，所以我就開始利用週末假日去逛博

物館、美術館、藝廊、畫廊、古董店和書店，一方面增長自己的見識、提高鑑賞能力，一方面也想試試看能不能收到什麼寶貝，結果有一次我在台北東區一家古董店裡，看到一件小巧可愛的雕紅漆圓盒，底落『大明萬曆年製款』，但我覺得它是標準大明永樂的牡丹花卉紋盒，所以心裡很高興我可以用萬曆的價格買到永樂的器物，真是撿到了便宜，也開啟了我想要收藏漆器的念頭。後來我又陸續從那家店買了很多件漆器，過了一段時間，古董店老闆跟我說，日本大阪有一位古董商，他有幾件漆器很不錯，我

看了對方傳給我的圖以後，想要買其中『明中期剔紅攜琴訪友圖海棠式盒』和『明中期剔紅羲之愛鵝圖委角方盒』這兩件，所以我們就專程跑到日本看貨、談價錢，等一切都談定了以後，那位古董商很得意地拿出他前一天剛從大阪美術學會拍回來的一支大毛筆，在我們面前獻寶，我以為他是要大肆宣傳一番，這樣就能抬高身價，賣個好價錢，結果除了他店裡的人知道以外，沒有人知道他有這支筆，因為他不賣，原來這支筆是明朝嘉靖時期的『剔紅賀壽大筆』，長 36 公分，直徑 3.9 公分，是目前僅有的〝大筆王〞，這麼難得一見的極品，所以他說什麼都不賣，後來我說我既然來了，如果你真的不賣給我，那原來談好的那兩件我也不要了，因為你沒有誠意，最後他只好勉強同意讓給我，當時我花了一千多萬日幣跟他買，也算很貴，但能收到這樣的好東西，機會不多，一定要把握。」

■ 明嘉靖 剔紅賀壽圖毛筆 長 36cm

二、古董藝術與投資結合，賺錢速度驚人

「我一開始買的紫檀、黃花梨、酸枝木製作的傢俱，可能當時買一張椅子八萬、十萬元，並沒有想到後來這些收藏會漲了那麼多倍，現在一張椅子可能至少都要一百萬元以上，譬如黃花梨，本來木材就已經漲很多，加上許多樹木被濫砍濫伐，都快要絕種，所以中國政府規定多少直徑以下的樹木不能採，沒有了木材的來源，所以就物以稀為貴了。源自印度紫檀，和黃花梨源自海南島，對中國人來說，紫檀最貴；對西洋人來說，黃花梨

■ 乙農集團的陽明山房博物館（設計圖）

最貴，因為他們認為黃花梨的花色、紋路最美。而紫檀色調深沉，比較顯現不出紋路，但看起來很穩重，所以中國人喜歡它，此外它生長的速度比較慢，而且又長不大，還會中空，就像人家常說的：『十檀九空』，尤其越大中間越空，所以能取用的部分比較少，相對價格就會比較昂貴，我現在的大辦公桌就是紫檀木做的，幾十年前有人出六百萬要跟我買，我不賣，然而現在應該要幾千萬才買得到了，因為要能找到像我辦公桌這麼大、這麼完整的已經非常稀少了。」

另外有一個特殊案例，「2016年英國倫敦佳士得拍出的大明永樂『剔紅四季花卉紋紙槌瓶』，原本是由一位歐洲人珍藏，收藏者因為擔心它年代久遠或空氣過於乾燥會造成顏色改變、產生龜裂紋，所以就幫它上了一層透明漆來加以保護，殊不知這是一個錯誤的舉動，因為漆器原本就是用天然生漆為塗料，可以防腐蝕、防滲透，保存上只要濕度不要低於百分之四十五，

最好維持在百分之五十或以上，就不會有龜裂的疑慮，而且這種自然形成的裂紋，有時候反而可以用來辨別真偽，因為漆器屬於宮廷器物，大部分都收藏在北京宮中，北京本來氣候就比較乾燥，年代一久遠，難免會龜裂，這種特性是仿古、造假的人沒辦法做出來的，懂的人一看就知道這是真品。因此這個紙槌瓶要拿出來拍賣的時候，一般人都認為它會很不好賣，因為如果要把那層透明漆弄掉，可能會損傷瓶子本身，但如果不把透明漆弄掉，這個古董儼然已失去了原來的價值，所以當時的起拍價只有一萬五千至二萬英鎊，但偏偏就是有人知道如何解決這樣的問題，其中有一位中國的買家就知道用什麼方法，可以去除透明漆又不會損傷瓶子，因此最後居然以高達六十九萬八千五百英鎊成交，以超過估價三十幾倍賣出，驚豔全場。因為『紙槌瓶』的造型很特別，就像造紙打漿時所用的槌具，因此而得名，像這樣的立件本來就很少，當然非常值得收藏。」

三、東西方古董藝術投資的進程大不同

「在收藏方面，因為歐美人認為書畫古董這些精神食糧非常重要，不但可以欣賞，還可以增值，而且增值幅度可能會超乎一般人的想像，在這種情況下，他們一開始以拍賣西洋書畫、文物為主，像文藝復興時期的拉斐爾、米開朗基羅、達文西三大畫家的作品，現在一件都是幾十億台幣的價值；像畢卡索、莫內的畫作，一張也可以賣到十幾億、二十億台幣。但反觀中國，清中以後國勢開始衰弱，到了民國以後又一再內戰，又參加抗日戰爭及世界大戰，所以中華書畫、文物一直沒有受到重

視，只有在私底下互相轉賣而已，價錢都不高，像張大千的畫也不過只賣到幾千萬到幾億元，之所以會產生這樣的差別，在於我們對精神食糧的需求還沒有歐美人那麼高，因為那時候我們的生活水平跟歐美比起來實在相差太多。舉例來說，人出生在不同的家庭，日子很難過的，叫做赤貧；勉強可以過的，叫做小貧；經過努力之後可能會到小康，小康之後才會到富足，富足之後才能到達富有的地位，而通常要投入精神食糧的買賣，至少要到富足的階段，人們才會開始想要投入這個領域。

中國直到 1990 年才開始逐漸由小康走向富足，到了 2000 年之後才開始有一小部份人富有，因為我 1989 年帶經貿訪問團去大陸的時候，他們大部分的老百姓一天才賺二元人民幣，根本沒有錢買什麼古董藝術品，而且他們就算富足了，一開始也買不了那麼貴的東西，譬如有人的總資產一億元，投資一張畫要花掉一千萬元，佔了總資產的十分之一，他不一定願意，因為已經超出他的能力範圍。但等到中國人越來越富有的時候，書畫、古董就會漲得很快，所以投入中國書畫、文物等藝術品的投資，只要你投資的對，絕對是一個正確的方向。像近代著名法國華裔畫家常玉的畫，那時候剛拿回台灣賣的時候，一張一百多萬元，我說那麼簡單幾筆而已，怎麼那麼貴？！可是現在賣到一億多、兩億多，最多賣到五億元。我有買過他的素描，那時候一張三、五萬元，現在已經一兩百萬元。所以雖然中國的起步比較慢，但現在中國在全世界拍賣市場上的實力已經相當雄厚，這就是為什麼現在所有的拍賣，不管是日本或香港的蘇富比、佳士得，都因目前新冠肺炎疫情的影響，而把三、四月份的拍賣延到八月底、九月多，正是因為中國人目前無法去拍賣行，因此中國的書畫古董就會較少人買，中國書畫、文物的價格也就不容易大幅推升了，當然外國人也會買中國藝術品，但那是早期價格非常便宜的時候比例較多，但現在隨著價格高昂，比例就降低了，因為一個明朝成化皇帝的『鬥彩雞缸杯』，中國收藏家劉益謙可以把它推到十二億新台幣，它開始進入拍賣場的時候不過是幾十萬元起價，所以除非有一些真正懂得中國文化，對中國文物歷史非常充分了解，而且又很富有的外國人，才會繼續買中國文物。以日本為例，在中國人真正開始收藏漆器之前，世界最好的漆器至少百分之七十以上都在日本人

手上，因為日本離中國最近，當時大明永樂皇帝特別喜愛漆器，所以在皇宮裡設了一個『果園廠』專門造漆器，找元朝留下來的漆器名家後代來指導做漆，做完之後將很多漆器送給日本大臣，像德川家族；送給日本的大廟，如東本願寺、西本願寺；以及日本皇族，所以日本是全世界保存最多中國漆器的國家。他們從那個時候就開始懂得中國漆器，也開始學習相關知識，並且非常重視與珍惜，每一個從日本流出的中國漆器，幾乎都會先用一塊柔軟的布巾包起來，然後再做一個很漂亮的木盒，把它裝進盒裡，有的還會在裡面題毛筆字，註明來源出處或緣起，然後弄個布條把木盒綁起來，外面再用一塊布巾包裝、妥善保存。我開始收藏漆器的時候，就是從日本開始的，因為日本這幾十年來景氣不佳，貨幣一直升值，生活越來越難過，所以這些漆器才會一件一件地釋出，在市場上流通、買賣。雖然

大部分的漆器珍品都是從日本出來，但偶爾也會有一些是來自歐美，因為可能是前幾代祖先所留下的收藏，也由於過去的價格便宜，加上後代子孫如果不識貨的話，就會把它拿出來拍賣掉了。」

■ 潘勝正（左）引進荷蘭 Stork 技術合作，並代理荷蘭 Stork 公司的充填線，台灣很多酒廠、牛乳廠都是用他們的設備。圖為潘勝正與 Stork 遠東區總裁夫妻餐敘之合影。

四、不識貨與財富擦身而過

「曾有一位古玩專家到荷蘭一個家庭拜訪，跟他們聊天，看他們家有什麼寶貝，結果主人說，我記得我曾祖父留了一個花瓶給我，中國做的、平常拿來插花用，我拿出來給你看；對方說我用一萬歐元跟你買好不好，主人馬上說好。結果他拿去拍賣，賣了新台幣好幾億元，如果那位主人知道他們一輩子只要那個花瓶就夠他們過好日子，他大概會嘔死。很多香港人、台灣人就是這樣撿到寶的，我有一個朋友本來在南部開紡織廠，很早就進大陸發展，對古董也有一點興趣，可是不太懂，有一天有個人拿了一個瓷器給他看，說是他曾祖父留下來的，很值錢，他看了也很喜歡，

但那個人說要賣他二千元人民幣，以當時他們一天賺二元，二千元已經很多了，更何況外匯券比本地券多了三成的價值，等於二千六百元，而且從前大陸還不可用簽帳卡或信用卡，所以我朋友就說不行，因為他口袋裡只剩外匯券一千七百元，過幾天還要經香港回台灣，身上不能沒有錢，我最多只能用一千元外匯券（約等於一千三百人民幣）跟你買，結果成交了，他回台灣的時候必須經香港轉機，一個懂古董的朋友看到他買的瓷器問他說，你這個瓷器應該買得很貴吧！他說對（他心想一般大陸人一天才賺二元，一千元外匯券當然很貴），結果那朋友說，我幫你

拿去蘇富比拍賣，你只要付給我拍賣所得的一成就好，結果最後以二百七十萬港幣賣出，就算被抽佣金二十七萬港幣還是賺很多，以當時匯率一比七換算，賺超過一千萬新台幣，我朋友說他以後不要做紡織了，要開始做古董，因為太好賺了。」

「就像畢卡索的畫，不懂的人根本不要，是懂的人才會視如珍寶。因為印象派畫家認為，繪畫的本質應該是把這個人的長相特徵、獨特性格、氣質神韻、智慧內涵表現出來，至於自然景物則是應該著重在意境的描繪與傳達，如果要把人或景物畫得維妙維肖的話，用照相機拍下來就好了。所以當時印象派在歐洲掀起風潮的時候，是被學院派所不齒的，因為學院派認為畫就是要寫實逼真、維妙維肖，要把皮膚畫到吹彈可破，把鬍子畫得栩栩如生，把眼睛畫到骨碌碌地轉，

把臉畫得立體分明，這才是所謂的繪畫最高境界，才是最有藝術價值的畫，而學院派認為印象派根本是亂搞，畫都模糊不清，也不修飾筆觸，看不出應有的繪畫技法，剛好那時候莫內畫了一幅《印象·日出》，被譏笑果然是『印象主義』的傢伙，結果這個名詞被一群志同道合的畫家所接受，沿用到現在，這就是印象派的起源。

而印象派這種顛覆傳統繪畫的思想，後來的人深深體會，也許不一定看得懂印象派的表現方法，但每個人看完都會有屬於自己的感動，所以到目前為止，最值錢的還是印象派的畫。就像中國書法一樣，有的人寫得字字工整，但沒有氣勢、特色，別人不會覺得有什麼獨特之處；好比有人臨摹顏真卿的字，就算描寫得出他的字形，但沒辦法表現出他的個性和筆勁，這往往就是值不值錢的關鍵所在。」

五、想從古董藝術投資得利，自己一定要懂

「要做古董藝術投資，自己一定要懂，不懂的人想要瞎貓碰到死耗子，讓你矇到一件好的藏品談何容易，反而很多人為了貪小便宜，結果買了一堆假貨。很多古董店擺在店裡賣的瓷器，至少有百分之九十是真的瓷器，也都是窯燒出來的，但問題就出在上面寫的字，有的會落款寫『大清乾隆年製』，而事實上那可能是最近幾天才燒出來的，寫上那幾個字，就能呼嚨不懂的人，讓他賺進大把大把的鈔票，何樂不為？！但老專家一看就知道那是新的，因為懂的人一定知道，乾隆皇帝對於器物製作的要求非常高，以漆器來說，乾隆因對於宮中「養心殿造辦處」所做的漆器很不滿意，認為只有蘇州的漆匠才能做出好的作品，只有蘇州脫胎漆器和雕漆器的技藝水準才能讓他誇讚一聲〝好〞，所以他特地把身邊的官員調到蘇州造辦處去，只要他想做什麼形狀、想雕什麼紋飾，就請一級的畫匠先畫好圖樣，經過他的批准核可後，再開始請漆匠用木頭、竹子、陶瓷、銅、銀或金等材質做好內胎，上完漆之後，畫上紋樣圖飾，再交由象牙作坊進行雕刻，因為當時牙雕師傅的工藝水平最高、技藝最為精湛；最後還必須用手掌推磨、拋光，叫做『退光漆』，當時都是由女工來負責這道工序，因為要藉著皮膚上的油脂和溫度來推磨，不可以戴手套，所以等漆器推磨到發亮，女工的手都已經像砂紙一樣粗糙不堪，看起來很可憐。由於製作漆器的工序很繁複，尤其像多層盤，因為以前都要靠陰乾，陰乾至少

要二十四小時才有機會乾，乾了以後才能再做向上一層，但如果今天颱風下雨，濕度特別高，二十四小時沒辦法乾，就無法繼續進行，所以整個作品完成可能至少要耗時半年以上，甚至二到三年，像我在德國納高拍賣行拍到的大明永樂『剔紅雙層菊花大盤』，就是當時大明永樂一朝僅有製作完成四件的雙層花卉盤當中的一件，所以非常稀有珍貴。而且乾隆皇帝的要求非常嚴格，成品之後，他認為做得不錯的，才會刻上乾隆年製或乾隆御製款，意思是他認可的才會簽名，如果他覺得做得特別好的，他也會給賞，表示讚揚。其中以金胎最貴，銀胎次貴，但數量皆有限；銅胎比較多，我有收了幾個，很重、很有份量。所以有真正『大清乾隆年製』款的古董非常珍貴稀有，不是隨便到處都有，但他們要仿造的時候，絕對會找書上有的，譬如故宮、歷史博物館出的書，然後客人來的時候，他就會指著書上說，我這個跟書上的那個是一樣的，因為我家道中落沒錢生活，才會拿出來便宜賣，你看蘇富比拍賣過一個類似的，三千萬元成交；佳士得拍賣過一個，三千二百五十萬元賣出，我因為急需用錢，所以六折

就賣，一千八百萬元你看怎麼樣？像他們這種人一定很會取信於人，講得讓人很心動，加上不夠內行的人找不出他的缺點，因為光是龍紋，元朝的、明朝的、乾隆的、嘉慶的，每一個年代都不一樣，就算他把乾隆的龍畫成嘉慶的龍，你也認不出它們的差別在哪，因為很接近。我會對「龍」特別有研究，是因為我民國六十五年成立『乙農』，那年剛好是龍年，所以本來要取名為『乙龍』，”One Dragon = One Emperor” 自我期許有朝一日能成為業界龍頭，但為求典雅、謙卑，就把『乙龍』改成『乙農』，但我在設計 LOGO 的時候還是把乙字型的龍保留下來。

話說回來，之前還聽過一個被騙的很慘的案例，有一個住在桃園的買家，四層樓的房子有兩層都是放買來的瓷器，想請專家到他家裡鑑定，以大陸的行情來說，當時鑑定一件是收二千人民幣，但在台灣，鑑定一件收二千新台幣，便宜很多，那位專家說既然你家一整屋子都是，那一件收你五百元新台幣就好，於是他花了一個禮拜的時間把全部都鑑定完，結果出爐後，令人心痛，因為如果

把其中幾件鑑定為真品的拿去賣，可能還不夠付鑑定費！然而那位買家卻是花了幾億元才收藏到這一堆寶貝，如今卻只剩下不到幾十萬元的價值，真是欲哭無淚。像那些做假的古董商，好不容易等到一隻大肥羊，怎麼可能輕易放過你，時常來找你報好康，三千二百五十萬元打六折，賣你一千八百萬元，你殺價，他就騙你說他是幫朋友賣的，他會盡力說情，幾次來回以後，最後說一千四百萬元不能再減了，不然這樣，我的介紹費就不跟你收了，你會以為這真的是底價了，高興地花了一千四百萬元買回家，每天像神一樣供奉著，結果他的成本卻只要十四萬，因為他只是找景德鎮某某公司替他仿做而已，多好賺！」

「為了防止別人造假、被人詐騙，一定要跟名家學習，隨時把握好的學習機會。我曾經請很有名的陶瓷專家到我家來上課，一個禮拜兩次，一次三個小時；也曾經到劉良佑老師家學，他以前在台北故宮博物院從事陶瓷鑑定和研究工作，也是台灣著名的陶瓷研究專家，海關進來的東西，常會請他去鑑定真偽；他也是兩岸公認的香學研究專家，經常實地探訪文物遺址，挖掘整理中國的香文化。我也參加過好幾次佳士得香港拍賣會之前為期兩天的講習，一天可能五個小時在上課，剩下的時間進行討論，紮實的兩整天可以專注在某一項古董藝術的學習，譬如瓷器或銅器，雖然時間很短，但可以學到不少基本知識；為了提高對器物的專業認知，我也到安徽蚌埠實地觀摩銅器及玉器如何仿古及作舊；到江西景德鎮古瓷器研究所觀摩古瓷，參觀古御窯廠的舊瓷片和新瓷器、仿古器的製作，還向劉新源古陶瓷研究所所長學習、請教。另外，我在 2008 至 2009 年間參加了北京清華大學美術學院所舉辦的《藝術品經營與管理》課程，學習古董鑑賞與評估，來教我們的都是非常有名的北京故宮博物院、首都博物院、上海博物館等的專家，和我一起上課的五十幾位同學，都是古董店、拍賣行的老闆，拍賣公司的總經理，還有一些做陶瓷、寫書法、畫國畫的作家，他們也來學，畢業之後大家互留 Line、WeChat，隨時保持聯絡，五十幾個人就變成了一個大群組，其中有些人可能特別喜歡或專研某種器物，就會再形成各個小群組，所以只要市場上有一件東西出來，我們就會

互相聯絡、討論，這樣不但能日益精進，又可以防止買到假貨。學習期間，我在北京故宮博物院古器物部主任張榮教授的教導下獲益良多，她讀大學時學的就是博物館學，進了北京故宮博物院以後，花了十三年的時間專門研究歷代皇帝們最喜愛的漆器、琺瑯器、料器（料器就是玻璃器），逐件清查、一一紀錄、詳加研究，和這些器物朝夕相處了十三年，累積了許多寶貴的實戰經驗，之後一路晉升策展人、副主任、主任，指導其他人繼續做蒐藏研究的工作；除此之外，中國政府為了要確認世界上還有哪些博物館有這三大類器物，特別派她到各國有關的博物館去考察，順便去幫他們看庫存、訂年代，所以她和世界各國的博物館建立了良好的關係，也因為這樣，2018 年 11 月我們能在她的帶領下，到倫敦大英博物館、維多利亞及艾爾伯特博物館、牛津阿什莫林博物館、劍橋菲茲威廉博物館、巴斯東方博物館及布里斯托博物館參觀，並獲得深入庫房上手學習漆器、琺瑯器及料器的機會；當時正好是倫敦亞洲藝術週，我們還到蘇富比、佳士得、邦瀚斯等拍賣行以及著名的古董商如 Eskenazi Ltd.，

A & J Speelman， Marchant 和 Ben Janssens Oriental Art 等處參訪，由此可見她的關係人脈之好，名氣響亮，揚名海內外。以她的資歷，她能看北京故宮博物院所蒐藏的古器物，當然也能看首都博物館的、國家博物館的、上海博物館的，她的見識豐富，相信沒有人能贏得過她。她在替香港蘇富比編書的時候，看到一件明朝隆慶年間的龍紋剔紅盤，因為隆慶在大明嘉靖與萬曆中間，只有六年，存世的漆器只有十件，所以非常難得，原本是香港非常有名的《抱一齋》李氏家族的收藏，沒想到他們拿到蘇富比拍賣，張榮教授特地告訴我這個好消息，所以我就在那次的拍賣會買下了這個稀世珍寶，因為這個龍紋盤是剔紅的，比東京博物館收藏的隆慶黑漆嵌螺鈿更為高級。」

「如果，自己能積極學習辨識真偽、多向專家、學者請益、結交有一定判斷能力的同學、同好，這樣每次看到一個物件，你至少懂百分之八十，自己可以先做一次篩選，再來透過拍賣行的人替你過濾，最後再請專家學者或同學、同好幫你確認，三道把關下來，錯的機會應該就很

少了。像我還可以找張榮教授做判斷，雖然她一件必須收二千元人民幣鑑定費，但很值得，因為幾十萬元人民幣的古董都在買了，還會在乎那二千元人民幣？！更何況如果花了幾十萬元人民幣買到假的，那不是更不划算？！還有像英國倫敦蘇富比、佳士得、邦瀚斯舉辦拍賣會的時候，那麼遠我不一定會去，但中國大型的拍賣行像保利、嘉德，他們就一定會派專業人才去，因為他們要去了解市場、了解拍賣價格的落點，以做為他們以後收東西和訂價的參考，譬如哪個容易賣、哪個不容易賣、哪個可能會竄高價之類的，此時我就會請他們幫我注意有沒有值得收購的寶貝。通常我最多請託的是保利，因為他們是中國最大的拍賣行，資本來自軍方，最有錢、哪裡都可以去，拍賣量永遠是中國的第一名，而且我跟他們的關係很好，他們說如果我看上哪個物件，但一次付不出錢來，可以讓我分期付款。萬一保利、嘉德的人都不去英國倫敦，我還可以請蘇富比的人去幫我看佳士得的，佳士得的人去幫我看邦瀚斯的，邦瀚斯的人去幫我看蘇富比的，反正他們都在同一條街上，競爭對手在拍賣，其他家的一定會去看，一方面捧場，既然是同行，大家都是朋友，一方面也可以順便幫我看，因為他們不會說假話，畢竟還是希望我買他們自家的物件，所以不會替競爭對手說好話，當然最主要還是我自己懂，不用擔心他們會不會“策略聯盟”。像我收藏了一百多件的『掐絲琺瑯器』，張榮教授來鑑定的時候，就很驚訝地問我，我是怎麼買的，怎麼每一件都是對的！其他人買的大部分都不對，而且中國琺瑯器在市面流傳只有三千多件，我一個人就收了一百多件，持有比例非常高，如果每個人都像我這樣的幾十個藏家，如果不再賣出來，市面很快就沒有了。這就是因為我有同學、同好以及拍賣行的人幫我把關的好處。」

「所以，想從古董藝術投資賺到錢，自己一定要懂。懂，不但不會買錯或多花冤枉錢，而且才會懂得欣賞；欣賞，不是欣賞價格、看它的 CP 值如何，而是要懂得如何欣賞它的文化底蘊、藝術之美、時代特色等等，值得你欣賞的才可以買，不值得你欣賞的，再便宜也沒有用。不論從物質或精神層面來看，盲目的投資是沒有前途的。」

六、拍賣行情主導古董藝術的價值定位

「如何評斷古董藝術的價值定位？像印象派之後出現的抽象派，很多人覺得更難看懂了，因為印象派至少還有遵循傳統藝術模仿寫實的基本精神，只是更真實地表現光在物體上所造成的色彩變化；但抽象派是完全打破寫實再現的局限和框架，把藝術基本要素重新排列組合成抽象的形式，所以抽象畫的作品名稱常常是『無題』，意思是我畫出我的內心感受，但沒有要告訴大家我畫的是什麼，由觀賞者自己發揮想像力，各自解讀。因此畫作在市場上的價值定位，通常會根據以往的拍賣紀錄，當然畫家本身的知名度也會是影響拍賣行情的因素之一，所以不只要技術好，還要懂得行銷，

像有的畫家有人推崇、有人提供展覽場所、有人撰寫評論，當大家對他越來越耳熟能詳、名氣越大就越值錢。譬如趙春翔、趙無極、朱德群三位畫家，都是留法的，也都是從具象畫開始鍛練基本功，之後接受了西洋繪畫藝術畫的陶冶和影響，才慢慢走向抽象畫，然後各自表現出不同的抽象畫風，但為什麼趙無極的畫就是那麼貴？只要把他們三位的抽象畫擺在一起，有藝術學養與鑑賞力的人應該就能高下立判，有去深入了解研究的人，自然就能走在前面，賺比較多的錢。不過隨著時代變遷，漲價的方向不一定一樣，也許有一天朱德群的畫作價格飆升，上追趙無極的也說不定。但畫

作最大的缺點就是，它是有週期性的，捧得太高之後就會降下來，平了一段時間會再上去、再下來，可是基本上還是會一直增值，價格不斷往上爬，古董文物也是這樣，隨著景氣，價格會有所起伏，尤其以書畫最為明顯。」

而拍賣行之所以可主導古董藝術品的市場價值，取決於拍賣公司（行）嚴謹鑑定態度以及具有公信力的估價能力。知名的蘇富比(Sotheby's)，1744 年成立於英國倫敦，是全世界第一家拍賣公司，還有一樣耳熟能詳的佳士得(Christies)和邦瀚斯(Bonhams)也先後在倫敦成立，它們距今都有兩百年以上的歷史，英國倫敦可說是全世界古董藝術品的拍賣中心。「好的物件幾乎都是經過拍賣行出來的，因為內行人都知道，要拍賣當然找蘇富比或佳士得，這兩家旗鼓相當，才能賣到最好的價格，所以要找好的物件，比較安全妥當的方法是去大拍賣行找，雖然必須遵守拍賣行所訂立的規定，譬如上次香港坂本五郎五十幾件漆器的拍賣

會，他們設了一個基本門檻，規定來登記參拍的人，必須先繳交二百萬港幣的保證金，他才會給你一個牌子，到時候才能舉牌喊價，以免到時候得標了反悔不買，但如果沒有拍到任何物件，他們會全數歸還，如果有得標，保證金就會先拿來抵貨款。然後不管拍賣底價多少，都要給拍賣行一定的佣金，譬如總落槌價乘以佣金率百分之二十五，如果總落槌價往上到達一個『金額階梯』，超出的部分可能降百分之五，最頂階可能就是百分之十二點五，假設一件成交的拍賣品，落槌價一億港幣的話，二百五十萬港幣乘以百分之二十五；二百五十萬到三千萬港幣的部分，則乘以百分之二十；三千萬到一億港幣的部分，則乘以百分之十二點五。而且，佣金採一件一件計算，假設我拍到兩件，第一件總落槌價二百萬港幣，第二件四百萬港幣，那麼只有第二件超出的一百五十萬港幣可以乘以百分之二十；而不是兩件總共六百萬港幣，二百五十萬港幣乘以百分之二十五，三百五十萬港幣乘以百分之

二十。這樣才不會鼓勵大家把金額衝高，或像團購一樣，大家湊在一起買，可以省下比較多的佣金支出。」

「因為我和這些拍賣公司的關係都很好，所以他們會給我一些優惠和禮遇。像香港坂本五郎拍賣會，我不用繳交二百萬港幣的保證金。除了蘇富比、佳士得、邦瀚斯不能談價以外，所有中國的、日本的、台灣的拍賣行，不管他們規定的佣金率是百分之二十五、百分之二十，還是百分之十五，我一律支付百分之十二，所以當有人跟我競標的時候，我因為這個優惠，可以和對手在成本一樣的狀況下，多舉幾次牌、多喊幾次價，因為我拍到一百萬元的時候，加上百分之十二的佣金，總共一百一十二萬元，但對手拍到九十萬元的時候，加上百分之二十五的佣金，成本就比我高了，所以我的贏面比較大。而且他們通常規定落槌之後至少四十八小時內要把支票存進去，一般交款期是七天，但我一律1~2個月內付款，對我來説，資金調度及外匯利差上既簡

單又方便。然後，拍賣會當天如果我無法到現場舉牌喊價，一般都可以電話委託，但必須在規定的時間內把委託單送達，否則就視同放棄，因為他們必須及早安排人員在現場幫你接電話；但是我的話，可以在開拍前十五分鐘委託他們就行了，如果他們來不及幫我安排人手，他們的主管會親自幫我處理。還有，譬如明天就是拍賣會了，但他們發現我都還沒有委託，就會主動打電話來給我，一方面提醒我日期，免得我忘記；一方面會詢問我是不是要再看一下圖錄，還是需要再提供什麼補充資料給我，好讓我來得及參加，等他們把資料傳給我，如果明天是早上十點要開拍，我只要在九點半左右告訴他們我要買哪幾件就可以了。像蘇富比、佳士得、邦瀚斯雖然不能談價，但他們禮遇我可以交款期延後兩個月，這是對非常重要的人物或貴賓才有的待遇，為什麼我可以得到這些優惠和禮遇？跟做生意的道理是一樣的，一定要先認識他們各部門最高階的主管，然後請他引薦你認識他們公司的總裁、總經理或董事

長，這樣就有建立良好〝關係〞的機會，在立足點上勝人一籌。」

「拍賣的優點是，有專業人士幫你鑑定好，不太擔心買到假貨，降低風險，而且如果以後要賣，等於來源有了證明和背書，加上得標價格如同為這件古董藝術品訂好了身價，以後再拿出來賣，價錢至少可以貴個幾成，好處很多。但問題是，拍賣行訂的底價是要讓人搶的，搶到最後你不一定能買到，所以日本古董商都會開比拍賣行還要高的價格，只要我們談好，古董就是你的，你不用跟別人搶，而客戶就憑自己的本事殺價，反正他們不用給拍賣行手續費，利潤空間比較大，賣高賣低，只是賺多賺少的差別而已，所以會不會殺價很重要，像我有很完整的參考資料，從過去到現在，譬如全世界拍賣行價格超過十萬人民幣以上的古董藝術品都列在裡面，如果我想買哪一個物件，我就去找資料，看之前哪一家拍賣行曾經拍過類似的、什麼時候拍的、當時拍多少錢、目前世界上大概有幾件、稀不稀有，這樣我就知道我應該出多

少價錢。譬如我收了一件『大清乾隆的剔紅暗八仙三層寶輦套盒』而北京故宮、台北故宮也各有一件，但他們的車上面都是剔紅花卉紋的，只有我這件上面是『暗八仙』的，結果我的這一件比他們那兩件都要更高級，因為就古董藝術品來說，盤比立件便宜，會站的叫做『立件』；沒有刻的最便宜，嵌螺鈿的再升一級，有剔犀的、剔紅的、剔彩的較貴，因為剔彩比較難把握，漆匠開始一直塗上去，要記得第幾層是什麼顏色，然後剔刀不能太大力，剔過頭就毀了，整個作品就可以丟了，所以剔彩的最貴；圖案方面，一般較常出現的是花紋，再來就是神仙的代表號，『暗八仙』就是八仙過海裡面八位神仙所拿的法器，何仙姑的荷花、韓湘子的笛簫、曹國舅的玉板、藍采和的花籃、漢鍾離的蒲扇、鐵拐李的葫蘆、呂洞賓的寶劍、張果老的魚鼓。我這件既是立件又有暗八仙，所以更難得、更有價值，當時我就花了一百五十萬人民幣入手的，以當時的匯率換算差不多是七百五十萬台幣。既然要買，就要買比別人買的更好！」

七、將「數字」轉化為精神享受，擁有金錢真正帶來的滿足

「一個人如果存到一億元，邁入富足階級了，假設一家四口一個月的開銷二十萬元，一億元花三十年可能還花不完，更何況一億元還會拿去做各種不同的投資，做穩當收入的至少有百分之三至五的回饋，最差的情況下，至少每年還會生利息，而且不可能一個月花二十萬元，一毛錢都不賺，所以只要有一億元，日子就很好過了。如果有十億元，屬於富有階段了，不要去賭博或做不當的投資，應該好幾代都花不完；如果有一百億、一千億，還有人有好幾千億元的，那『錢』對他來說，只是數字而已，因為只要有一億元，就可以和百億、千億元的人過幾乎一樣的生活，所以當你走過富足邁向富有的時候，除了物質享受之外，更要進入精神享受的境界，接受文化薰陶，把玩前人心愛的寶物，讓它帶給你意想不到的精神上的滿足，這才是對你的人生最大的回報。否則你只是在享受數字，它終究有一天會變成遺產，而你沒有享受到金錢真正帶來的好處。所以古董市場上有一個通則，就是越貴的東西漲越多，而且越貴的是富有階級的收藏家要收的貨，對這些人來說，錢不是問題，一定要收最好的，當他發現最好的，

一定會不惜任何代價去得到，因為一百億、一千億，放在銀行只是數字的差別，沒什麼好欣賞的，買一塊地、一棟房子放在那裡，也不能抱回家；但古董不一樣，從買到入手的那一天開始，你可以隨時把玩，一直欣賞，所以為什麼那些最頂尖、最稀有的東西可以賣到上百倍的價錢？原因就是這些人不在乎錢，他們要的是〝擁有〞。」

「但收古董最好能〝自成體系〞，這樣才能在世界上佔有一席之地。有的收藏家這個也買、那個也買，只要是好的他都買，好處是你家什麼好的都有幾樣，要跟人家比你什麼都有，但缺點是沒辦法專精，不能成為某幾類的大收藏家。譬如我以宮廷器物中的漆器、琺瑯器為主，目前漆器收了兩百多件、琺瑯器一百多件，加起來四百多件，在這種情況下，所有拍賣行都認定我是世界十大漆器、琺瑯器收藏家，等

我越收越多、越收越有名，就會變成前五大，這樣不但建立了地位，等我變成名家的品牌，我的收藏品至少可以多漲個幾成，身價就又水漲船高了。我很在乎〝世界唯我獨有〞的感覺。畢竟對潘勝正來說，收藏每一件古董藝術品，都是經過用心研究、縝密分析而來的，每件都是寶！

■ 乾隆的掐絲琺瑯器

八、名列世界十大，訂定下一個極致追求的目標

■ 乙農集團 潘勝正 總裁 夫婦合影 於四川達古冰川的 4,860 公尺高山頂上

名列世界十大漆器和琺瑯器收藏家之一的潘勝正，下一個極致追求的目標還是古董藝術，「等我把《陽明山房藏宋元明清漆器》（已出版）圖錄和《陽明山房藏元明清琺瑯器》（今年出版）這兩本書在北京故宮出版社出版完成後，下一個目標我應該會加強書畫方面的收藏，因為有助於陶冶性情，而且我很早以前就去找于右任的嫡傳弟子任漢平老師（今年已99歲高齡了），學習草書，總不能要收藏中國古書畫，但字看不懂吧！我一定要確定我能看懂所有草書的字才行，因此當時總共花了三年多的時間上課，老師真的按照草書的規範教我，也教我如何判斷這個字的美與醜、對與否，而且我對於書法收藏也不少了。不久前，邦瀚斯總公司位階最高的主管專程來邀請我參加明年一月的展覽，希望我拿出幾件很棒的收藏到現場展出，打響『台北陽明山房藝術空間』的知名度；還有美國西部最大的藝術博物館：洛杉磯郡立藝術館（LACMA）以及中國浙江省博物館也曾希望我和他們一起展出，所以一步一步來，什麼事都要規劃…」

歲月，讓書畫、古董、文物越久越美、越久越值錢；它們也讓每一位收藏家越欣賞越愛不釋手、越把玩越心滿意足，在物質與精神享受的境界中，怡然自得、澎湃感受、美妙至極！

Appendix
附 錄

潘勝正 總裁
簡歷

學歷：

1. 美國紐約州立大學 蘇富比藝術學院 藝術管理碩士。
2. 中國北京清華大學與美國蘇富比藝術學院合作舉辦藝術管理碩士研究生教育項目結業。
3. 中國北京清華大學美術學院藝術品鑒賞與經營管理高級研修班結業。
4. 中國就業培訓技術指導中心藝術品授予經營管理之「職業藝術品經紀人」證書。
5. 中國國家人才網以高級珠寶古玩鑒定專業人才入庫。
6. 國際認證與註冊協會頒發之國際註冊高級珠寶古玩鑒定師執業／職業資格證書。
7. 淡江大學建教合作中心證券班結業。
8. 國立政治大學西洋語文學系畢業。
9. 國立成功高中畢業。

經歷：

1. 乙農集團創辦人兼總裁。
2. 代理世界上最多、最好的飲料、酒類、啤酒設備等供應商，行銷亞洲、歐洲、非洲等各國，在台灣高速度設備總市占率超過七成。
3. 引進荷蘭 Stork 技術合作，在台生產洗瓶機、充填封蓋機、裝卸箱機等設備。
4. 台灣第一家引進高速灌裝啤酒（每分鐘 1,000 罐）生產線供烏日啤酒廠用。
5. 台灣第一家引進美國製空鋁罐＋鋁蓋供應台灣飲料廠。
6. 遠東地區第一家引進高速寶特瓶生產設備供黑松等飲料廠生產寶特瓶。
7. 台灣第一家引進寶特瓶飲料灌裝包裝設備給百事可樂、可口可樂、金車、黑松..等。
8. 台灣 第一家引進德國 Krones 廠的高速冷無菌鮮果汁生產、包裝設備給愛之味集團。
9. 台灣第一家引進德國鋁製瓶蓋供台灣各飲料廠旋封寶特瓶飲料用。
10. 台灣第一家從事啤酒、飲料廠之統包工程，從工廠設計、建物、原物料處理、灌裝包裝設備、到自動倉儲之銷售、安裝、生產至售後服務一手完成。
11. 政治大學學生代表聯席會副主席、政大西洋語文學系之班長、總幹事、及桂冠（Laurate）英文雜誌社長兼總編輯。
12. 1989 年第一屆台灣大陸投資貿易商務考察團副團長。
13. 機械公會之台灣機械貿易赴中歐（波蘭、捷克、匈牙利）代表團團長。
14. 經濟部國貿局東歐（白俄羅斯、烏克蘭、羅馬尼亞）經貿訪問團團長。
15. 中華民國國際貿易協會中美洲國家經貿投資訪問團副團長。

《系列報導 -1》

談 當今書壇行草大師 任漢平 先生

《專訪 乙農集團 潘勝正 總裁 》

台灣包裝（中華食品）/ 高弘儒（社長）採訪

　　為人寬厚瀟灑，謙沖為懷的任漢平先生，1922 年出生於山西省解縣，自幼跟隨母舅丁俊生學習書法，漸長臨摹王羲之名家，書法之根早已扎實穩健。與于右任兩代世交，亦師亦友亦父子，論世千秋提攜長才，驚世之作響震後學，讚聲連連建功芳香，莫逆淵源名德遠長。

■ 國際知名書法家任漢平先生（右）應乙農集團潘勝正總裁（左）之邀至公司揮毫。

于右任嫡傳弟子任漢平──草書簡潔、易認、易寫、實用美觀、氣勢自在磅礡

書法是中華傳統文化核心之一。於 1949 年起擔任于右任先生侍從暨專業攝影師，並跟隨來臺的任漢平先生。雲天高誼，情同父子，讓回台任職監察院院長的于右任及副手任漢平，珍惜相伴大半輩子。

領悟甚高的任漢平，對于老研習的草書有一份堅持與著迷。更在于老晚年，協助【標準草書】研究、編校、攝影、存檔等工作，同時直接受教於于式書法泰斗門下，親聆教誨，博覽法書，精勤臨池，日夜不懈，長達十五年之久。其草書特性，以簡潔、易認、易寫與實用美觀為響名，超脫流暢新風格，成就文字藝術昂首創造，不但氣勢自在流露，更備受敬佩。

「釋草十組符號、八字口訣」讓書畫史冊譜寫出新的里程碑

漢字為中華文明的載體，產生、傳承和發展，至今已有八千多年歷史。直到記數、圖物別類、甲骨、鐘鼎、篆、隸、楷、行、草的演變，最終形成了中國獨有書法藝術。為能迅速準確的瞭解與認識，任老先生潛心鑽研，將沿制千年的草書符號迷源，解疑釋惑偏旁部首，研創釋草十組符號。

草書發展主因是『簡化』，由繁變草的『解剖、演變、去捨、組合』等八字口訣，掌握結字規律予以解析。其形體活潑，利於抒情，藝術價值高，且書寫簡便。對中國書法的理論創新，以及識楷寫草、漢字規範快捷書寫來說，意義重大。樹立昂然獨立之創研地位的淵源與奧妙，讓書畫史冊譜寫出新的里程碑，更是任老對中國書法事業無人能及的貢獻。

任老的精勤不懈，數十年來無聞寒暑，朝夕勤習苦練，迄今精研已逾一甲子，將研究草書符號有成與心得，著成【草字基本符號研究】，計分上、中、下三冊，與【標準草書符號變化及運筆技巧之研究】及【任漢平草書專集】等相繼著作問

世，對後學者造福可謂遠鉅博深。

也正因如此，日本京都師範教育長多次來臺求教，並受邀至大陸講學釋草符號廣受好評。除此之外，港、澳各地，及新、馬、韓、日等各國也都邀請任老前去講授書法。如此卓然自成的一代大書法家，任老作品不但深受各方喜愛典藏，近期並為開封翰苑碑林、蘭州蘭碑林及鄭州碑林雋永珍藏。

陳立夫先生讚譽「任子書草，健筆淩霄、酣暢淋漓、雄渾骨傲」

陝西省西安市各書法名家表彰，為推廣草書，弘揚書藝成就，特組陝西任氏釋草符號書法研究會。而中國國民黨元老人物陳立夫先生，更以「任子書草，健筆淩霄、酣暢淋漓、雄渾骨傲」，給台灣國寶級書法家，釋草符號創研人任漢平先生給予高度肯定、推崇及讚揚。

20餘藝文團體競相禮聘為顧問 成就堪稱直追李、孫、張、素之當代書藝大家

中國淡濘書畫會、中華書藝學會、省初書畫研究會及法鼓山藝術文化基金會等 20 餘藝文團體，競相禮聘為顧問，而台北國父紀念館、中正紀念堂、中華崑盧書畫學會及台北市南菁書畫會等皆敦請講授釋草符號書法。

任老本身書法造詣之深及推廣草書教育成就之廣，實堪稱直追李（北海）、孫（虔禮）、張（旭）、素（懷素）之當代書藝大家，創出中國書法史上一片新天地。

不藏私之精神 藉書法促進兩岸文化認同與凝聚

漢平先生常講，書法藝術「講則傳世，留則失傳，寧可公諸於世，不可失傳人間。」因此，在兩岸同步出版發行任漢平先生的個人書法專輯，就為讓更多人知曉、研究和理解【標準草書】及【釋草符號】，這在書法史上算是創舉，不但增強兩岸同胞的民族文化認同與凝聚，『一家親』的民族親情，藉此也能濃厚綿延。此舉不但展現任漢平先生的

雄強、豪放、寬博，嚴謹，還具有很高的文化素養與品味。

兩岸論壇以「世界和平」四字贈胡錦濤主席作為賀禮

2007 年在北京召開兩岸論壇時，為胡錦濤主席書寫「世界和平」作為賀禮。2014 年作品被聯合國秘書長潘基文、全球戰略經濟發展委員會主席周茳鈜鈞及全國人大副委員長萬鄂湘收藏，並簽名盛讚，列為全球傑出十大書法家。同年 1 月 4 日及 4 月 19 日美術報兩次以全版報導，3 月福建石獅日報及東方收藏等媒體相繼刊登報導，另於 4 月 2 日應邀出席第 30 屆中國蘭亭書法節活動，備至殊榮。

任老作品已陸續被收藏與拍賣 未來將如于右老作品一樣飛速高漲可期

漢平老師以其自創的【釋草符號和八字口訣—解剖、演變、取捨、組合】來分析草字，讓筆筆皆有來龍去脈，可以舉一反三搓合出

許多不同寫法，讓一篇文章中同時出現多次的同一個字，用各種不同的寫法來表現，不致全篇一律，達到草書學習的最高境界。

任老已經 93 高齡，其行草書法，經過跟隨于右老時期的學習，再經數十年的自創草書新法的磨練，現在他的作品，已達爐火純青地步，堪稱當今無人能出其右，亦不為過。

近年來有不少獨具慧眼的收藏家早已默默的多方收藏其作品，更有多家拍賣公司也已陸續在拍賣任老的書法，且多如數被拍走。

任老之行草書法創作，獨樹一格、氣勢磅薄，倘若受到大收藏家或者大畫廊等積極蒐藏，並且多加介紹和推廣，則在可遇見的將來，會像其師 --- 于右老的作品一樣，飛速高漲可期。

茲附上幾幅任老之創作，供同好者欣賞。

《系列報導-2》

協助台灣接軌國際飲料整廠設備龍頭「乙農集團」

鋁罐、鋁蓋及ＰＥＴ瓶設備引進台灣第一人
至今全台仍使用— 幕後功臣 潘勝正

乙農 集團
YEE NONG GROUP

經營哲學 —
企業應該作金額大的、技術含量高的
工作，以減少競爭，增加獲利能力。

影響(貢獻)事蹟

過去看準民生必需品之一的「飲料」，消費市場潛力驚人，加上創業門檻低，飲料設備發展前景樂觀可期，因此潘勝正總裁延續在日本三菱商事所累積的工作經歷，創立乙農集團後，取得全世界一百多家Top飲料設備品牌遠東區代理權，除了曾引進全台灣第一套一分鐘1000罐啤酒充填設備外，也為台灣飲料界引進鋁罐、鋁蓋及相關製造設備，改善當時國人食品衛生安全與生活品質；更引進PET寶特瓶

製造、充填及回收再生等一貫化設備，大大掀起台灣飲料界新風潮；首度引進德國 KRONES 冷無菌充填設備，為鮮味飲料帶來劃時代的技術革新，幾十年來致力台灣飲料設備與國際接軌，帶動台灣相關產業蓬勃與提昇，使台灣飲料界走向世界一流水平國家，並坦然無私地傾囊相授成功法門，協助國內中小企業成長茁壯，貢獻斐然，影響無遠弗屆。

▍乙農集團 (小檔案)

- ■ 創立時間：1976 年 5 月
- ■ 員工數：32 名
- ■ 主力產品：啤酒、酒類、飲料、礦泉水等整廠設備及寶特瓶、瓶蓋、瓶胚等整廠設備之規劃、交機、安裝試車和售後服務。
- ■ 國外市場：美國、歐洲、日本、韓國、中國、東南亞。
- ■ 資本額：肆億貳仟萬元
- ■ 國內、外指標性客戶：台灣菸酒公司、金門酒廠、黑松、金車、維他露、可口可樂、康師傅、日本ＤＨＣ、日本三菱重工、韓國真露啤酒、德國 KRONES 等。
- ■ 獲獎紀錄：中華民國產品包裝協會 - 最佳經營獎、台北市政府 - 熱心公益獎
- ■ 重要記事：

台灣第一家 飲料、啤酒、酒類、設備供應商，市佔率 70%。

台灣第一家 引進罐裝飲料充填包裝生產設備，即台灣菸酒公司烏日啤酒廠每分鐘 1,000 罐的啤酒線。

台灣第一家 引進鋁罐及鋁蓋交給採用本公司供應罐裝飲料充填包裝生產設備的黑松公司。

台灣第一家 引進寶特瓶飲料充填包裝生產設備，供應百事可樂、可口可樂、金車、黑松…等。

台灣第一家 引進寶特瓶飲料用長口鋁蓋（現在已改用塑料蓋）供所有大飲料廠使用。

台灣第一家 引進寶特瓶和瓶胚製造設備，供應黑松。

台灣第一家 引進德國 KRONES 高速冷無菌鮮果生產包裝設備給愛之味集團使愛之味之鮮番茄汁能保有鮮果味，和以往可果美番茄汁全然不同。

Yee Nong Group is the leading Taiwanese company in connecting the domestic beer, wine and soft drinks industries with global turnkey equipment suppliers.

Victor Pan, President and CEO of Yee Nong Group, introduced aluminum cans, can-ends, and canning equipment to the Taiwanese market, as well as pioneering the use of Preforms / PET bottling equipment; many such innovations remain in use by canners and bottlers today.

Contribution to the Packaging Industry

The soft drinks industry has a low entrepreneurial threshold, and a high-demand market. Victor Pan recognized this in 1976, following his work at the Japanese Mitsubishi Shoj; Corporation.

台灣主要客戶 (main customers in Taiwan)

He established Yee Nong Group, which grew to become the Far-East agent for over one hundred top global equipment manufacturers in the soft-drinks, wine; and beer industries. Yee Nong brought a number of innovations to the Taiwanese drinks industry; including the first 1,000 cans-per-minute high-speed canning line to Wu Rih Brewery of Taiwan Tobacco and Liquor Corporation; and fully-automatic canning and PET bottling lines to most Taiwanese soft drink canners and bottlers; which improved hygiene standards and shelf life.

接軌國際，
帶動產業蓬勃與提昇

民國 60 年 (1971)，全台灣第一套一分鐘 1000 罐啤酒灌裝設備，就是潘總裁當時在日商三菱商事公司為台灣菸酒公賣局所量身規劃，引進當時世界頂尖品牌的相關設備，如全自動美國 MEYER 裝酒機與美國 ANGELUS 封蓋機等，不銹鋼材質加上設備穩定耐用，使用年限超乎預期，因此後來台灣菸酒公賣局的十間酒廠、四間啤酒廠中，約有百分之七十的裝酒包裝設備均由潘總裁所創立的乙農集團所配備完成，以竹南啤酒廠的二條高速瓶裝和二條高速罐裝線 100% 由乙農集團供應。以其中一條的罐裝包裝線為例，一分鐘可完成 1500 罐啤酒充填，一天以八小時計算，一天可生產七十二萬罐，而各廠設備幾乎都具備二至四條生產線，為台灣菸酒公賣局帶來驚人的經濟效益。

乙農集團於民國 65 年 (1976)創立，潘總裁一開始先成立貿易公司，憑藉著外文優勢走遍全世界，參觀世界各地任何與包裝有關的展覽，積極拜訪各大供應商，爭取世界各大飲料設備品牌遠東區代理權，目前約有一百多家，如德國方面，KRONES 是全世界最大、設備最優良的啤酒、飲料設備公司；STEINECKER 是歷史最悠久、最有名的啤酒釀造設備公司；CASPARY 則是歷史最悠久且最有名的小型啤酒整廠設備公司，以及 H&N 是全世界最大、品質最佳的啤酒包裝用鋁箔紙供應商等。而美國方面，ANGELUS 是全世界最大的各式飲料罐封罐設備公司，全球市場佔有率 60% 以上；EXXON MOBIL 則是全世界最好的商標用收縮 BOPP 紙及棧板用收縮 BOPP 供應商。還有像奧地利 TBG 集團和 Delfort 集團，是全世界最大香菸紙、濾嘴紙、第二大香菸原物料總製造供應集團；日本 FAST CHEMICAL 則是終結棧版收縮膜的劃時代新專利產品「止滑冷膠」的供應商等。

■ 乙農集團重要客戶的最大飲料代工集團亞洲宏全國際公司曹總裁等，由潘總裁於2017年引導參訪世界最大的Krones集團在德國幕尼黑市舉行的全球最大「飲料設備展」(DRINKTEC)的新設備。

在那國際往來不甚頻繁、資訊流通不易的年代，潘總裁完全無需假手翻譯的外文能力，成為台灣與國際之間的橋樑。對外，他成功說服國外供應商將遠東區代理權交給他，可省去對文化不熟悉的市場摸索、自行尋找代理的辛苦與成本，是事半功倍的好選擇；對內，他豐富的見聞閱歷，啟發了國內飲料界的視野；與世界一流品牌供應商的良好關係與信任基礎，充分滿足國內飲料廠的需要，甚至為了能更精準地提供設備，使生產線能發揮最

佳效能，他還成立工程顧問公司，提供整廠設備的規劃設計、裝設及售後維護等一條龍的服務，不僅為供需雙方創造雙贏、為自己贏得財富，也為台灣飲料界引進了許多世界先進的設備與技術，使台灣飲料設備能與國際接軌，帶動台灣相關產業的蓬勃與提昇，使台灣飲料界走向世界一流水平的國家，藉以改善國人食品衛生安全與擁有已開發國家的生活品質。

發展迄今，乙農集團早已位居台灣飲料整廠設備龍頭地位，始終屹立不搖，「一般超商銷售的瓶裝或罐裝飲料，幾乎九成以上都是我們客戶生產的。」潘總裁說。龐大的企業版圖含括啤酒、酒類、飲料、礦泉水及PET瓶整廠設備；生啤酒桶及桶裝生啤酒整廠設備；塑膠容器、紙容器產製設備；代理及規劃寶特瓶、玻璃瓶、鋁罐、鋁蓋等整廠設備，兼及周邊原物料如矽藻土、酪素膠等。目前更獨家代理販售世界第一品牌德國Doehler公司產銷的各類水果汁、蔬菜汁、

機能性飲料、香精、甜味劑等,並接受客戶委託新產品之研發。

引領風騷,
掀起台灣飲料界新風潮

「大家生產瓶裝飲料的時候,我就開始引進罐裝設備給台灣菸酒公賣局;台灣開始製罐的時候,黑松公司也開始設置罐裝生產線,結果當時台灣沒有人做鋁罐,所以我又從美國進口鋁罐和鋁蓋給黑松使用;後來有客戶認為從國外運送鋁罐回台灣像是運送空氣,太蓬鬆、成本太高,正好當時大華金屬開始生產鋁罐,但因為蓋子不好做、成本佔比不高、不佔空間運費較低,所以就由我賣給他鋁蓋,經過一段時間後,他們才全部都自己生產。然而到最後,我又賣製罐、製蓋的設備給製罐廠去生產罐與蓋。」,潘總裁如此迂迴地述說當年的狀況。

從他的言談之間,不難看出他總能洞燭機先、觀察入微、切入重點,靈活彈性地因應各種變化,

「那時候台灣的玻璃瓶飲料都用『皇冠蓋』,沒有鋁蓋,我還去德國進口鋁蓋供應全台灣將近百分之百的寶特瓶飲料封蓋需求,後來製造鋁蓋的設備也是我引進的,(寶特瓶一開始也是使用鋁蓋,後來才改成 PET 蓋……)無論瓶蓋的形式、材質與歷史演進,潘勝正都能如數家珍,引領風騷的成就感不減當年,特別是 PET 寶特瓶的引進,更是掀起台灣飲料界的新風潮,影響無遠弗屆。

■ 潘總裁參訪在香港舉行的「國際藝術博覽會」

「後來發現國外有寶特瓶設備出來了，我就引進台灣，所以台灣是全亞洲第一個擁有製造充填寶特瓶整廠設備的國家，也是遠東區第一個製造寶特瓶的國家。」再加上當時百事可樂製作的一支廣告，標榜寶特瓶掉下來滾落到樓梯下方仍舊完好如初，引起市場廣大迴響，PET 寶特瓶就此興盛起來，全台灣飲料業者紛紛大量製造使用。後來，許多環保問題接踵而來，民國 78 年 (1989) 汽水公會及寶特瓶製造業聯合成立了「廢寶特瓶回收基金管理委員會」，由汽水公會提撥基金作為回收處理運作基金，並由遠東、新光兩家主要製瓶公司帶頭投資興建一座處理廢寶特瓶的再生工廠，也就是「台灣再生工業股份有限公司」。「我們也賣設備給台灣再生去處理寶特瓶回收。」潘總裁說。換言之，從寶特瓶的製造充填、回收再利用，潘總裁都能滿足所需，設備一應俱全。

民國 92 年 (2003)，潘勝正為愛之味首度引進德國 KRONES 高速冷無菌充填設備，改善了傳統蕃茄汁使用金屬罐裝充填的種種缺點，如高溫殺菌過程中營養成份遭到破壞、蕃茄汁色澤變暗影響外觀；飲用時，蕃茄汁易有金屬味，影響口感；以及開罐後必須一次喝完，否則會有變質的顧慮等。將蕃茄汁的美味完整封存在 PET 瓶中，不僅幫助愛之味創下飲料銷售新亮點，也拓展了許多重視鮮味的飲料路線，更使 PET 瓶成為飲料市場的新主流。

■ 中華民國包裝協會頒發給乙農集團的傑出經營獎

■ 台北市政府頒給乙農集團的造福勞工獎盃

■ 台北市政府頒給乙農集團的熱心公益獎

精算謀略，
協助中小企業成長茁壯

「乙農集團擁有設備配置的 know how，等設計完，再請供應商報價就好了。」不僅規劃設計無須假手他人，減少金錢與時間的消耗，創造更大的競爭優勢，還能同時拿下合約的 10-15% 的費用，又能與許多家下包商合作，為客戶定期維修設備，獲得固定年收益，「我只要負責簽約和工地經理的管理，所以一個合約一億、十億通通可以做，一千萬也可以做。」從上游到下包，從國外到國內，潘總裁似乎都能將綜觀全局、掌握關鍵、協調整合、運籌帷幄的個人特質發揮得淋漓盡致，利己利人。

例如，長年從國外進出口設備，潘總裁在資金調度上經驗豐富，深知中小型企業常受限於進口設備時資金不足、出口設備時又遭遇客戶要求長期付款方式的困擾，因此憑藉著幾十年來與國外銀行所建立

■ 2012 年應邀在台灣食品機械國際化研討會演講

的良好關係，發展出協助台灣廠商辦理國外銀行融資貸款的服務。只要正常營運的台灣廠商，獲得本國銀行所核定的信用狀開立額度時，就可使用這個額度開立如保證信用狀的 standby L/C，或保證多少天後會履行付款的 usance L/C，那麼潘總裁便能依據這些證明，協助付款至國外，使台灣廠商能順利將機器購回，等組裝完成後向本國銀行辦理抵押貸款，再將融資的金額歸還即可，「透過我們的協助辦理，絕對會有實質上幫助，希望這些中小型企業不用再跑地下錢莊借錢，而能把握住每個走出國際、成長茁壯的機會。」如此巧妙變通之計，相

信也只有潘總裁才能設想得出來。

此外，他也不吝與同業分享他的成功經驗，坦然無私地傾囊相授成功的法門，「充分分析你所從事的行業，在世界上有多少競爭者、市場有多大？你想佔有多大的市場、想要哪一種客戶層？你要如何達成你的目標、增加競爭力？然後定位好自己，全力投入提供高品質、高效率的產品，爭取客戶的認同和重複訂購，甚至介紹客戶給你。在台灣，你還可以積極拜訪、開說明會、邀請客戶到廠參觀、製作 DM 等來增加曝光率；如果是拓展國外市場，就要積極參加公會和

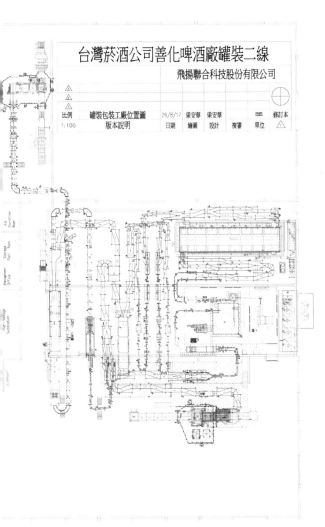

■ 台灣菸酒公司善化啤酒廠，乙農集團承包
剛施工完成的德國 KRONES 產製 1200
罐／分的罐裝啤酒線配置圖

在乎的是買了你的設備以後，多久可以把投資的錢賺回來，所以只要你的設備精準度高、效率好，能為客戶快快賺大錢，那麼讓他多花一點錢來購買有什麼不可以？你賣的絕對不是『材料＋人工＋管理費』，而是你和你共同打拼的夥伴們的心血結晶，所以本來就應該賺取應得的利潤，這樣你才能繼續壯大自己，讓公司永續經營下去。」潘總裁宏觀自信的論點，確實讓人受益匪淺。

經驗傳承，
徜徉骨董藝術之美

笑傲商場數十年，潘勝正已逐漸將遠東區飲料整廠設備的事業交由自小留美的兒子潘威穎和媳婦李若寧陸續接棒，除了帶領他們鞏固供應來源、拜訪維繫多年所累積的人脈關係外，並傳授許多獨門的各國文化見解與商業往來的竅門，如與美國人做生意最簡單，因為他們沒有太多複雜的想法；韓國人害怕商業機密外洩，所以相信裙帶關

外貿協會等所舉辦的海外拓銷團、參觀國外重要的專業展覽等，來增加國際能見度，爭取更多合作的機會。」甚至直言不諱地說：「客戶

係，不喜歡與同業的代理商合作；日本人則重視人際關係等，再加上善於社交、行事圓融的兒媳輔佐，潘總裁和夫人更加醉心於骨董藝術文物的收藏與鑽研，甚至到國外攻讀藝術碩士學位，所投注的熱情、精準的眼光與獨到的剖析，絲毫不減當年叱吒商場的態勢，「真正有收藏價值的漆器，從宋朝開始，歷經元、明到清乾隆年間，時間很短，而且都是皇帝在玩，再加上製作繁複、工藝及顏料講究、無法量產、深受環境濕度影響等，往往要耗時三年，所以量不多，非常珍貴…」潘總裁娓娓道來，話語之間自信風采依舊，一如初衷，人生自在快樂、樂觀

看待！ 潘總裁收藏的漆器精品，深受北京故宮博物院的認可，北京故宮出版社已為其收藏出版專書，此舉之殊榮，他是台灣第一人。

■國際知名書法家任漢平先生（右）應乙農潘總裁之邀至公司揮毫落款展

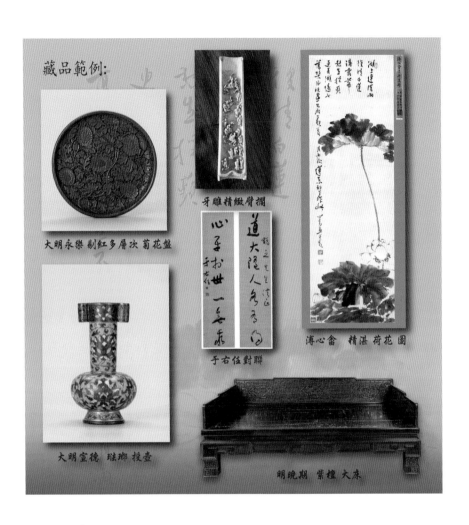

藏品範例:

牙雕精緻臂擱

大明永樂 剔紅多層次菊花盤

于右任對聯

溥心畬 精湛荷花圖

大明宣德 琺瑯投壺

明晚期 紫檀大床

■ 潘總裁和其草書老師任漢平（于右任傳人）
合影

台灣包裝工業雜誌社 社長
環宇包裝網股份有限公司 總經理

高新儒

推薦

　　PET 瓶引進國內 30 多年來，已被認同並廣泛使用於千百種液體產品包裝上！然而引進這產品的乙農集團潘總裁說，這是他人生中一件有意義的大事。

　　潘總裁是國內包裝業第一代創業成功的典範。由於就學時攻讀政大西洋語文學系，又曾在日商三菱公司工作一段時間，因此英、日語非常流利，也讓他在事業上一路順利成功。特別是 4、50 年的努力累積了他的品牌商譽，很早就在業界享有盛名。

　　近十年來，他更在骨董藝術上有所斬獲，收藏了許多中國歷代重要的骨董，尤其在漆器和掐絲琺瑯器方面更是全球十大收藏家之一，他的藏品，北京故宮博物館將在今年及明年各為他出版專書，且是台灣第一人能有此殊榮的。為了收藏骨董，他還取得中國清華大學骨董鑑定師之證照，堪稱包裝界第一人。他和夫人都從清華大學／蘇富比藝術學院藝術碩士畢業。

　　潘總裁向來聰明過人、眼光獨到、豪爽誠信，是一位難得的好朋友，事業經營更是業界典範，對台灣飲料包裝實在貢獻斐然！

包裝好本事

　　乙農集團創立於民國 65 年，專門從事於飲料及酒類充填、包裝機械之代理販賣及整廠規劃，數十年來已銷售台灣菸酒股份有限公司各種酒類充填包裝設備數十套，民間飲料廠亦有數十套實績，此外單體充填包裝機器如裝、卸棧板機，裝、卸箱機，裝瓶、裝罐機、貼標機、封蓋機、液位檢查機、全箱檢查機、紙箱裏包機、紙箱成型機、隔板組立、插入機、紙箱封口機、汽水混合機、洗瓶機及殺菌機等銷售亦甚多。設備也銷往中國、日本、東南亞、歐洲及非洲各地區。

　　公司現代理及規劃寶特瓶、鋁罐、鋁蓋、啤酒、飲料等整廠設備，除此之外，隨著公司規模的日益擴大與科技的日新月異，本公司在其它產業如塑膠容器、紙容器的產製設備和各種新式的機械設備也都將提供更令客戶滿意的規劃、銷售、安裝及售後服務。

　　公司經營理念　永遠作為同業龍頭。

《系列報導 -3》

談個人藝術收藏
與清華蘇富比藝術管理碩士課程之收穫

轉載自北京清華大學清華蘇富比藝術管理碩士課程學生專訪
被訪人：乙農集團總裁潘勝正

我們能夠有機會專訪你，真謝謝你。 你可否就下面幾個問題，給予我們你的想法和意見？

1. 您是在什麼時候開始藝術品收藏的呢？ 是什麼樣的一個契機下？

我在三十幾年前開始了藝術品收藏，原因很簡單，因為我大學時代主修西洋語言與文學，充分瞭解西方藝術起源甚早，自文藝復興三傑－拉菲爾、達文西、米開朗基羅起，西方藝術即開始大放異彩，且西方國家由於藝術的崛起，皇家、貴族、達官、顯要、富豪們都爭相購藏，以致於當今的西方藝術品之價格高不可攀。反觀中國藝術品由於中國數十年前國力及經濟不如西方國家，以致於有五千年悠久歷史的中華文化藝術品，價格低落，所以我就決定開始收藏我們中華民族的優美的藝術品了。因為除了可以欣賞藝術品之美，又可以提昇中華藝術品的地位，更可以在未來 帶來豐厚的獲利，何樂而不為呢？

2. 您是如何看待收藏這件事的？

收藏是件非常幸福與享受的事。當我發現一件值得收藏的藝術品，我

會感到非常的興奮，會興起要擁有它的念頭，當我擁有它之後，就會開始把玩它，享受其本身的藝術之美，研究它和類似藝術品之差異與優點，研究它的來源與歷史價值，這整個過程就是一種極高的享受。所以我這些年來，一直透過蘇富比、佳士得、邦瀚斯、納高、東京中央、日本美協、橫濱拍賣、關西拍賣、保利、嘉德、東正、匡時、中貿聖佳、博美、西泠印社等等拍賣公司尋求我愛的可收藏品。

3. 您在選擇收藏時有沒有自己的一個收藏標準呢？是什麼樣的標準呢？

我因為家的空間比一般人的大很多（現在約為 1500 平米左右，佔地 15000 平米），所以想到買中國的明、清之黃花梨、紫檀傢俱為主，康熙、雍正、乾隆三代的螺鈿、描金、剔紅漆傢俱為輔，大部分皆為皇室所用，既稀少又貴氣，藝術性很高，人見人愛。

4. 你收藏了大量的漆器和琺瑯器，您認為這些藝術品有什麼獨特的價值呢？

我在 2008 年～ 2009 年間到北京清華大學學習古董鑑賞經營管理課程，幸運地跟北京故宮博物院對於漆和琺瑯器極負盛名的張榮老師學習，使我對此二項古董產生極大興趣，所以就更積極參與世界各大拍賣行如蘇富比、佳士得、邦瀚斯、納高、保利、嘉德、東正、匡時、博美、西泠印社、日本美協、東京中央、關西拍賣、橫濱拍賣 ... 等之拍賣，迄今已經購入漆器 200 餘件，琺瑯器 100 餘件，且有不少件是頂尖的藏品，本人非常以此而自豪。此外，北京故宮博物院已為本人收藏的漆器和琺瑯器由故宮出版社各出版一本專書，感到非常榮幸。我目前也正在台北市的陽明山上建造一個 ＂陽明山房 ＂的展示空間，作為我個人收藏品的置放和欣賞的場所。歡迎同好朋友，前來喝咖啡、聊藝術，並觀賞台北市的美麗景色。

在收藏了有實用性兼觀賞性的硬木傢俱之後，在 20 幾年前，我在一個偶然的機會，看到古董商店裏有剔紅漆的擺設，它既美觀又可愛的小圓盒，盒底刻有大明 萬曆年製款，價格不太貴，古董商告訴我漆器大部分都是為皇帝製作的，其製作過程繁複，每一件作品要完成，需要耗時數月，甚至於數年，只有皇帝能有錢要臣工經年累月不停製作，所以不但高雅又完美，可供皇帝把玩、使用或者當國禮送給他國來訪的重要使節，例如大明永樂皇帝，即贈送不少好漆器給予日本使節，引起日本人對中國人的漆器產生愛慕與收藏，所以到目前為止，由日本人收藏而逐漸流入市場拍賣的中國一流漆器，數量佔全世界一半以上。所以我就和古董店的老闆一起到日本去尋寶。

我們到了大阪古董商店裡，本來要買一件大明宣德的剔紅盤和一個乾隆的剔紅五福捧壽小圓盤。後來他向我們獻寶說他昨天才從古玩學會標回一支大明嘉靖年皇帝祝壽用的剔紅大筆，又胖又長（筆頭直徑 3.9 公分 x 總長 36 公分），他說不賣，經我再三折衝，他終於勉為其難的賣了給我，使我得到一件連兩岸故宮皆無此大筆的榮耀，我 2008 年到清華大學上課時我把它帶到課堂上給張榮老師看，她稱它為「雕漆筆王」，還曾勸我把它捐贈給北京故宮呢！

至於琺瑯器的收藏，是在清華大學上古董課經張榮老師的解說，得知它們也是皇帝們的宮廷、家廟、寢宮等等的擺設品，製作工藝繁複、耗時、耗資，存世數量比漆器更少，更具收藏價值，所以我也積極開始從世界各大拍賣行來競拍蒐藏了。

這兩項藝術品的獨特價值為：

1) 皆為良工能匠長期為宮廷服務，耗時、耗資而成就出來的藝術精品。
2) 只有國家的財力、物力才能完成的藝術品，專供皇家使用。
3) 宋、元、明、清各朝代的漆器及元、明、清三代的琺瑯器皆是技冠全球。
4) 存世量少又質精，必為後來者爭相購藏的藝術珍品。

5. 在書畫收藏方面,您有非常鍾愛的書畫作家嗎? 有收藏他的作品嗎?

書畫作品作偽較易,所以在收藏上我就特別謹慎。聽說不久前一位大陸收藏家花了 5 仟多萬人民幣,買了一張偽李可染大師的灕江風景水墨畫,真是倒大楣!

在西畫方面,我特別喜愛文藝復興三傑-米開蘭基羅、拉菲爾、達芬奇,也喜愛梵高、畢加索、米羅 ... 等等,但因價格太高,只能欣賞,不能擁有,有點遺憾。

在中國現、當代畫方面,我較喜愛吳冠中、常玉、張大千、溥心畬、黃君壁、于右任等人的作品,目前都有收藏。

6. 可以跟我們一起分享一下在您的收藏之路上的一些難忘經歷以及您最驕傲的一件藏品是什麼嗎? 關於它有怎樣的故事?

在漆器收藏方面,我有幾件難忘的經歷如下:

1) 向日本古董商再三折衝才買到的剔紅筆王（長 36 公分 x 筆頭直徑 3.9 公分）

2) 買到一個大明萬歷年製款的剔紅牡丹盒,結果是大明永樂朝作品,真賺到了

3）由張榮老師指點，在香港蘇富比拍到一件大明隆慶年製款（存世不到 8 件）的剔紅雲龍紋盤

4）最驕傲的一件藏品為在德國納高拍賣公司所拍到的大明永樂年製的剔紅多層次菊花大盤

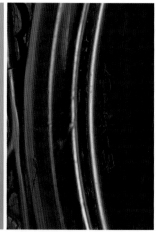

　　據張榮老師說，此種多層次剔紅花朵紋永樂大盤，存世只有四個，2 個在北京故宮博物院，1 個在香港藝術館，另外一個在我手上，可以流通的只有我這一件，多麼值得驕傲！

7. 對於藝術鑒賞行業，您最關心的問題是什麼？

我認為藝術鑒賞行業，最值得關心的問題就是要辨別藝術品的真與偽，像上面舉例的大陸某人，花了5仟多萬人民幣買到一張偽畫，是何其的無辜？

又有不肖業者，聯合鑒定家，共同以偽當真，蒙騙無知收藏家，其作為是何等的可惡！作為藝術鑒賞行業，應該本著道德、良心，應該教導收藏家，如何辨真偽？如何分辨藏品的好與壞，如何建立有系統的收藏？如何判定 CP 值的高與低？如此一來，則鑒賞行業大有可為，收藏家們也不會誤入歧途，各蒙其利也。

8. 對於清華蘇富比藝術管理課程帶給了您哪些收獲？

我一直以來都以收藏中國古董傢俱、漆器、掐絲琺瑯器、文玩…等等為主，雖然對書畫也頗有興趣，但是書畫歷史更是源遠流長，藝術流派眾多，每個流派有哪些代表人物？書畫的真偽需要名師指點才能略知一二，在2015年中得知清華大學和紐約蘇富比藝術學院正要開班教授現代與當代的書畫課程，我和內人就毅然報名加入，作為清華蘇富比藝術管理碩士班的成員，2 年多來在一流師資，良好學習環境和眾多一等優秀出眾的同學們切磋下，讓我們對現代和當代藝術的起源、發展、茁壯和各門各派的藝術特色，代表人物等有所瞭解，得知各代表人物畫作的市場價格如何判定，各大拍賣公司的市場運作，隨著中國的日漸強盛富裕，中國人將如何影響世界藝術市場的走向，每個人對藝術投資的有效分類與管理等，不但得到豐富的收獲，也建議對藝術有興趣的朋友們，一起到清華蘇富比藝術學院來加入學習深造吧！

《系列報導 -4》

千文萬華 談傲然於世的中國紅雕漆藝術

乙農集團陽明山房主人 潘勝正

雕漆的工藝，極其繁複，雕漆是在胎體上層層髹漆，少則數十層，多則數百層，耗時數個月至數年，在漆達到需要的厚度時按所要的內容雕刻出花紋、圖案，使其具有主題突出、層次分明的浮雕效果。

雕漆有剔黑、剔犀、剔黃、剔紅、剔彩等多品種，但是中華民族卻是以紅色為熱情、大方之代表，如中國皇權代表之紫禁城即是以＂紅得發紫＂的紅色為代表。所以自元代至清代，剔紅漆器數量最多，且最為各朝皇帝所喜愛。至今紅色仍然是中華民族的特別愛好之色，海峽兩岸之國旗皆以紅色為主色彩，所以同樣以紅色為主的中國漆器，雖然工藝較瓷器更高、技藝更難、更費工費時卻被大幅低估超過了百年以上，如今在中華民族富起來，藝術修養增上來的環境下，以中國紅為主調的中國雕紅漆，大幅揚升的時候就到了，中華民族的藏家們，就此把握良機吧！

宋代剔紅漆代表作如圖1。元代浙江嘉興西塘鎮雕漆名匠輩出，尤其當時的張成、楊茂二人，更是最著名的雕漆能手，皆以剔紅漆最出名，他們的作品更是為世界各大博物館及各大藏家所爭相收藏。元代張成的剔紅漆代表

作如圖 2、圖 3，元代楊茂的代表作如圖 4 。

■ 圖 1 宋 鳳凰花 剔紅雙層圓盒
H 10.2 cm
日本東京國立博物館 藏

■ 圖 3 元 張成造 款
剔紅花鳥紋圓盤
美國紐約大都會博物館 藏

■ 圖 2 元 張成造 款
剔紅牡丹紋圓盤
D 16.3cm
台北陽明山房主人 藏

■ 圖 4 元 楊茂造 款
剔紅觀瀑圖八方盤
北京故宮博物院 藏

　　明代永樂帝特別喜愛張成、楊茂二人之剔紅漆器。因為二人皆已經辭世，故特別詔令張成之子～張德剛入宮，讓他負責宮中漆作坊－果園廠剔紅漆器的製作，故明初永樂時期造的剔紅漆器仍然酷似元代嘉興西塘的製品，且仍然使用元代的針刻款式。

明代初期，由於宮廷及國禮的漆器需求大增，除宮中漆作坊由張德剛負責外，更匯集全國各地的能工巧匠入宮，辛勤鑽研、相互切磋，用不同的製漆工藝和藝術風格互相融合，終於形成了京城雕漆工藝的獨特風貌。在藝術上，果園廠早期製造的雕漆作品，注重磨工、光潤、古璞、渾厚，是以往的雕漆作品無法比擬的。

明永樂的剔紅漆代表作品如圖5、圖6。

宣德的漆器款式已經改為楷書款，其代表作品如圖7。

永、宣之後，嘉靖一朝，官辦作坊又重新佔有統領地位，漆

■ 圖6 明永樂 剔紅
牡丹花卉紋 圓蓋盒
D 13.4 cm x H 5 cm
台北陽明山房 藏

■ 圖5 明永樂
珍貴罕見的多層次纏枝菊花圓盤
D 32.5 cm
台北陽明山房 藏

■ 圖7 明宣德
剔紅牡丹長頸瓶
H 14.5 cm x 9.1 cm
台北故宮博物院 藏

器的風格由明初的簡練大方,圓潤精湛轉變成為纖巧華麗、繁縟細膩的新風格。因在位達 45 年,存世品極多,大都以神仙、廟宇、長壽為主要題材。明嘉靖雕紅漆之代表作品如圖 8 和圖 9。

明隆慶帝在位只有 6 年,又生性節儉,剔紅漆器底部皆帶有大明隆慶年製楷書金字款,據說存世的不及 8 件,極為珍貴,如圖 10。

■ 圖 8 明嘉靖
仙山樓閣圖圓盒
D 26.5 cm
大明嘉靖年製 款
台北陽明山房 藏

■ 圖 9 明嘉靖
祝壽用壽字款雕紅漆 筆王
D 3.9 cm x H 36 cm
台北陽明山房 藏

■ 圖 10 明隆慶
剔紅雲龍紋 圓盤
D 16.3 cm
台北陽明山房 藏

明萬歷帝在位 40 多年，其剔紅漆器存世極多，其作品底部皆有大明萬歷年製或者含有干支款識的如圖 11。

清代的雕漆繼承了明代晚期的風格，即不善藏鋒，刀痕外露，雖然有磨工但不如明早期那麼圓潤光滑。但是清早期雕漆工藝在表現形式之豐富、雕刻之精湛等方面仍然超越前代。乾隆皇帝更是結合了宮廷的養心殿造辦處、蘇州織造廠和他個人的親自參與，使得漆器登上歷史的頂峯。乾隆帝的禦用雕漆都交由蘇州織造廠製作，其器形、花紋、落款方式等一概聽從造辦處的指示，且大都是乾隆親自提出設計要求、尺寸大小，還要製作精美，因此體現了皇家的藝術風格及審美情趣。乾隆的剔紅漆器代表作品如圖 12、圖 13、圖 14。

■ 圖 11　明萬曆
剔紅龍紋圓盒
D 20.8 cm
大明萬曆乙末年製款
台北故宮博物院 藏

整體言之，中國雕紅漆作品，經由歷代皇帝、士大夫、文人雅士、世界各大博物館及藝術愛好者喜愛和收藏，已是中華民族引領世界、獨步全球的皇家藝術精品，值得大家共同努力，由世界各地積極購回我們傲世文化資產！

■ 圖 12　清乾隆
剔紅八仙過海團花大蓋盒
直徑 49.5 cm
台北陽明山房 藏

■ 圖 13　清乾隆
剔紅萬壽紋兩層套盒連座
H 18.8 cm
台北陽明山房 藏

■ 圖 14　清乾隆
御製剔紅九龍紋帶屜長提匣
H26 cm x W35.2cm x D20 cm
台北陽明山房 藏

《系列報導 -5》

中國古董中最值得收藏的品項—漆器 兼談乙農集團—台北陽明山房主人之 漆器收藏

中國人是世界上最早認識漆、使用漆並用漆製作器物的國家。自 8000 年前就發明了漆器一浙江蕭山跨湖橋遺址出土的朱漆弓，即是明證。

中國漆器自古即是王公、貴族的文化傳承，2000 多年前西漢馬王堆大墓出土供墓主人軑侯夫人使用的繪製精美的成套漆器，可見其可貴性。

漆器真正值得以古董藝術品收藏的應該只限於開始有雕漆出現的宋代（10-13 世紀），直至傾國家之財力、物力而製作出技藝雙絕漆器的清代乾隆朝（18 世紀）之數百年間，其精美絕倫的工藝成就，值得世人讚嘆。

陽明山房主人，即是台灣包裝企業界龍頭的潘勝正總裁，他從 30 幾年前開始收藏中國的紫檀、黃花梨等硬木古董傢俱，後來於 2008~2009 年間，赴大陸清華大學美術學院修習 "藝術品經營管理"，在北京故宮博物院首屈一指的漆器大家張榮教授的指導下，對於漆器收藏更是熱衷非凡。至今對於宋、元、明、清之漆器收藏，已收到近 300 件，其中更有不少稀世珍品，連張榮教授也都讚不絕口。

我們來欣賞一下宋、元、明、清四代漆器的不同特色與發展：

1、宋代

宋代漆器的發展成就即是雕漆技藝的成熟。宋代漆工所做之雕剔漆器，多以金、銀、灰為胎，雕法圓熟、藏鋒不露，用朱極鮮漆層肥厚，風格古樸。宋代雕漆有剔黑、剔犀、剔紅等多個品種，它是用兩種或三種色漆雕剔出雲紋、回紋、卷草紋等，在刀口斷面顯露出不同的色層，故能有比單純雕漆更有變化的藝術效果。宋代漆器見（圖1）和（圖2）。

2、元代

■ 圖2　宋 剔黑漆花卉香盒
　　D8.6cm
　　台北陽明山房主人 藏

■ 圖1　宋 黑漆花式盤
　　D15cm
　　台北陽明山房主人 藏

元代的雕漆技藝，在原有宋代基礎上更上一層樓。此時名家輩出，如赫赫有名的張成、楊茂、張敏德、彭君寶……等，皆是傑出的髹漆高手。楊茂、張成更在器底常有針劃名款留世，超群技藝為世人所推崇。

元代雕漆也有剔紅、剔黑、剔犀三個品種，數量以剔紅為最多。其題材以花卉為主，一般不刻錦紋地，而僅以黃色素漆作地在上面直接雕刻紅漆或者黑漆花卉。

如以山水人物為題材的作品，天空以窄而細長的單線刻畫，流水以流暢彎曲的線條組成似流動不息的滾滾波濤，陸地由方格或者斜方格作表現，格內刻八瓣形小花朵，形成繁花遍地之意境。元代漆器見（圖3）和（圖4）。

■ 圖3 元 褐漆蓮花式蓋盒
　H15.5cm
　台北陽明山房主人 藏

■ 圖4 元／明初 剔紅仙人納涼圖葵瓣式盤
　D19.2cm
　台北陽明山房主人 藏

3、明代

由於明朝皇帝對漆器的生產、製作非常重視，在內府與漆器製作的相關部門有御前作、內宮監、御用監。明代初期並且成立果園廠作為製作漆器的宮辦作坊。而且將製漆中心由南向北移，也從南方徵調能工巧匠到京城充實果園廠的藝術水準和創作力，以滿足皇帝對漆器的質、量要求。

明代永樂、宣德時期是漆器的第一高峰，永樂的雕漆承襲了元代張成、楊茂的特色，即髹漆肥厚、雕刻精細、藏鋒清楚、隱起圓滑、刀法嫻熟流暢，圖案的邊緣磨得圓潤光滑，不露稜角和刀刻痕跡。

永樂圓形漆盤以裝飾花卉為主，花卉滿布，緊密有層次感（見圖5），有別於元代之花卉紋飾疏朗有致（見圖6）。

永樂菱瓣形（或稱菱花形）"盤"以山水人物為主題者居多。

■ 圖5　明永樂 剔紅纏枝菊紋盤
３２.５cm
台北陽明山房主人 藏

永樂的蔗段式盒平頂、平底、直壁（見圖７），以裝飾花卉和人物故事為主，蒸餅式半圓形蓋、矮圈足盒則以花卉為主。

圖７ 明初　剔紅牡丹紋蓋盒
Ｄ１３.４cmＨ５cm
■ 台北陽明山房主人 藏

■ 圖6　元
〈張成造〉款
剔紅牡丹紋圓盤
Ｄ１５.３cm
台北陽明山房主人 藏

永樂雕漆的款識處理，和元代張成、楊茂相同，即在器底左緣處豎刻"大明永樂年製"針劃款字娟秀，筆道纖細的行書筆法。

宣德雕漆除剔紅外，更創造出前所未有的剔彩器（即在漆器胎上塗若干道不同顏色的漆層完成後，再在需要的漆層上雕刻紋飾，使得漆器作品色彩燦爛，如紅花、綠葉、紫枝、黑石、彩雲等），難能可貴。

宣德朝的款識，是在器底用填金的"大明宣德年製"楷書款，此舉為明清官造漆器款識立下處理的典範。

明隆慶朝前後僅有 6 年，存世雕紅漆不到 8 件，極為珍稀罕見，台北故宮博物院、大英博物館、日本東方漆藝研究所及台北陽明山房主人（見圖 8）各藏有一件。隆慶朝的黃成為中國漆器編著「髹飾錄」，成為一部中國漆器發展史上的重典。

嘉靖、萬曆年間，官辦漆器作坊又再度抬頭，除了創作大量剔紅、剔彩器外，萬曆朝又發展出"剔黃"的漆器新品種，使得漆器更加多彩。

嘉靖、萬曆之款識，除了在器底中央刻一直行"大明嘉靖（或萬曆）年製"金字楷書款外，則尚有大明萬曆干支紀年款如 "大明萬曆 乙未年製"……等。

■ 圖 8　明隆慶〈大明隆慶年製〉款
剔紅雲龍紋盤　D16.3cm
台北陽明山房主人 藏

4、清代

清代漆器在康熙、雍正、乾隆三朝進入了其發展的全盛時期。清代的雕漆製作以宮廷造辦處為中心，集結了全國的能工巧匠，

並給以朝廷的財力物力支持，不惜工本製作出技藝雙絕、華美、精湛的漆器來體現皇家的藝術風格和審美情趣，使得漆器成就達到前所未有的頂峰。

康熙皇帝就曾下旨令江西燒造磁器處的督窯官"年希堯"，將有裡釉無外釉的瓷器燒造出來供作瓷胎漆器（見圖9），其成本之高以及康熙對漆器之重視不言可喻！

■ 圖9 清康熙 瓷胎螺鈿人物故事圖瓶
　H 50.2cm
　台北陽明山房主人 藏

乾隆對漆器的偏愛及對製作過程的掌握，將中國的漆器推向了歷史的新高峰。清宮最瑰麗的雕漆作品不但展現了乾隆的獨特品味，更要求造辦處象牙作坊支援漆作坊將漆器髹得纖絲畢現、鋒芒灑脫、層次豐富、富麗且見精微的視覺效果（見圖10），是不能以明隆慶朝黃成所著「髹飾錄」的標準所可以相互比擬的。

總結的說，漆器為什麼是中國古董中最值得收藏的品項，原因如下：

1、中國的漆器已經有8千年歷史，能夠用天然大漆作漆器，且技藝卓絕的世界無任何國家可與中國爭長短，買了中國漆器就如同是買了世界第一的古董品項。

2、中國的宋、元漆器存世甚少，大都是品質佳、技藝高者；明、清漆器因為皇帝們的愛好，明

朝在宮廷設果園廠、清朝在宮廷設造辦處，從全國招來能工巧匠，並以國家財力作後盾，在皇帝的掌控下，所作出的漆器，為氣質深沈內斂、高貴典雅、技藝雙絕的曠世佳品。

3、漆器是用天然生漆為料，可防腐蝕、防滲透，可以收藏數千年而保存著，藏家們可以安心收藏。

4、中國漆器因為皇帝之喜愛而大都原來收藏於北京宮中，由於北京氣候乾燥，漆器久了多出現自然的斷裂紋，由於此一特性，仿作不易，讓漆器比任何其他如瓷器、書畫、玉器…等，更易辨認真偽，較少吃虧上當的機會。

5、古董漆器存世總量比較書畫、玉器、瓷器都少得非常多，如經有識之士共同參與收藏，則價格大幅上漲的機會，必然指

日可待。何況往昔一個漆器可以交換5個同類型的官窯瓷器，因為漆器的技藝和所耗用的時間是瓷器的很多倍。現在瓷器價格已經高漲，何不改收藏漆器呢？

6、高檔漆器多是以前皇帝的心愛物，現在已經沒有人可以當皇帝了，但能夠把玩過往皇帝的心愛物，應該也是人生的一大樂趣吧，你說是不？

■ 圖10 清乾隆
剔紅十八羅漢圖筆筒
H 16 cm
台北陽明山房主人藏

《系列報導 -6》

制勝飲品設備業、收藏藝壇至美
─專訪乙農集團 總裁 潘勝正

商業金頭腦、
精準眼光獵珍藏

　　近年隨中國經濟蓬勃，骨董市場上的中國文物炙手可熱，然而在競逐文玩的風氣之中，若無精準眼光、豐富學識，就會淹沒在炒作的金錢浪潮下。因此，具有成熟品味的買家，看重的是文物的「文化含金量」，也更需要紮實的學問支撐。

　　台灣飲料設備、包裝產業龍頭─乙農集團的總裁 潘勝正，就是一位鑑賞與競拍功力兼具的「商人骨董收藏家」。台灣包裝工業雜誌社此次榮獲專訪機會，披露潘總裁獨到的經商、藏藝之道，與讀者分享。

　　例如：潘總裁透露，他藏品中的晚明金絲紫檀明式骨董床，價格已是 30 幾年前買入的數十倍！而近來入手的乾隆「春壽寶盒」，也十分珍貴稀有，每一樣心愛的骨董，都不是輕易、衝動買下，而是經過縝密的分析。其實，精準的眼光與經商的金頭腦是相似的，一路

■ 乙農集團總裁 潘勝正先生

走來，潘勝正和乙農的成長頗值得借鏡，就讓潘總裁的人生經驗，帶領你我一窺箇中奧妙！

潘勝正是政治大學西洋語文學系畢業，原本有機會擔任總統府的翻譯官，但天性愛好挑戰、追求自我實現，使他決定投入變化萬千的商場。抱著從商「可以讓很多人有工作，也能為自己累積財富、能做自己想做的事情」的理想，潘勝正考入日本三菱商事，學習商業經營，他更察覺「日本跟台灣很相似，地小人稠資源少，學習日本的生意之道對台灣最實用」。

1976 年，潘勝正創業，看準台灣經濟起飛，對飲料、食品需求增長，故一頭栽進飲料、食品設備的貿易，從此與飲料食品業結下不解之緣。很快地，從銷售經驗中，潘勝正看到許多客戶初次踏進飲料業，對設備了解不足，於是發展出整廠設備工程顧問的服務，順勢成立「飛揚聯合科技股份有限公司」。

之後，為了提升競爭力，除販售機器外，另跨足設計、安裝、售後服務，並與台灣廠商合作生產較次要的設備。在此時期，乙農開始找尋國外的供應商，嘗試提供客戶一貫性、一條龍的服務；且積極爭取代理國際一流品牌，不以低價取勝，「乙農可以幫客戶把（國際上）第一名、第二名的設備，放在同一條生產線。客人會感受到我們的誠意」潘勝正說。

飲料設備業龍頭，企業版圖不斷擴張

發展迄今，乙農的營業項目涵括：啤酒、酒類、飲料、礦泉水及 PET 瓶整廠設備、生啤酒桶及桶裝生啤酒整廠設備；塑膠容器、紙容器的產製設備；代理及規劃寶特瓶、玻璃瓶、鋁罐、鋁蓋等整廠設備，兼及周邊原物料如矽藻土、酪素膠及香菸原物料等。目前更獨家代理世界第一品牌德國 Doehler 公司產銷之各類水果汁、蔬菜汁、機能

性飲料、香精、甜味劑之販賣，並代客作新產品之研發。代理之一流品牌包括：德國 KRONES AG、德國 H&N、美國 ANGELUS、美國 EXXON MOBIL 等十數家知名廠牌，皆為國際上酒類飲料業、包裝業的設備大廠。

在台灣，公賣局、飲料大廠多使用乙農的設備與服務。潘勝正說：「一般超商銷售的飲料，幾乎九成以上都是我們客戶生產的」。另外，像是國產食品知名品牌愛之味「一條無菌生產線、包裝約有四億元，自動倉儲部分約兩億元，追加工程、前處理工程，林林總總大概六、七億元」，都是乙農完成的。

而越趨擴大的中國消費品市場，乙農自然不會放過。正洽談在貴州的一條寶特瓶冷無菌膠原蛋白飲料生產線，每分鐘可產出 700 瓶，這條產線價值 1000 多萬歐元。乙農的商品品質、服務深受肯定，甚至「有奈及利亞商人看了乙農的整廠設備，覺得這種結合國內

外設備組成的產線很有效率，找我們去幫忙設廠」。其他如代理世上唯一可以裝生啤酒、推著走，野餐可用的生啤酒販賣機，結合了美國技術、丹麥閥件、德國製造經驗，也是乙農要強推的主打產品。

多元但貫通的服務，優良且能因應各種生產要求組裝的設備，在在彰顯乙農集團領先群倫的實力與決心。同時，也能看出公司掌舵者潘勝正，始終能針對當前市場做出精準分析，接著以無比熱情和毅力投入的特質，這些特質讓他在涉獵骨董美術時，同樣能夠出類拔萃！

■ 潘勝正之其它古董收藏 -1

和藝術結緣，
提升人生的境界

　　談起與藝術結緣，潘勝正笑言是出於偶然。因佈置新屋的緣故，設計師建議以藝術品補空間的留白，機緣湊巧認識了畫家楊興生，藉由他的幫助，購入張杰、顧重光、楊興生、溥心畬等大師的畫作。自此，潘勝正感受到生活添加藝術之後，心靈的滿足和眼界的開闊，便投身藝術品收藏的世界。

　　就如開創乙農的過程，一旦決定目標便積極學習，潘勝正立刻延請專家教學骨董的基本知識，也找到台北故宮的劉良佑先生學瓷器，甚至去北京清華大學美術學院修習骨董鑑識課程，取得骨董評估師執照！期間結識許多骨董商，現在既是好友，也是拍賣骨董藝品的資訊來源。對於自己的認真，潘勝正語重心長地總結：「有些人以貪便宜的心態買骨董，買了一屋真品卻沒幾件，所以一定要先學會辨識骨董。」

　　不單是中國美術領域，因認為從事收藏，美學修養、骨董知識很重要，潘勝正也常去上典藏藝術雜誌和歷史博物館等主辦的講座，增進對東、西方藝術的認識。出國拜訪廠商時，往往會騰出時間參觀美術館、博物館、畫廊、骨董店。藉由和經營者、其他參觀者聊天，了解市場行情、國際行情，同時留下名片，告知收藏方向，容易獲得即時、準確的資訊。此外，大型拍賣商如：蘇富比、佳士得、邦瀚斯、日本美協等，潘勝正都有很多成交紀錄，這些業者都會通知拍賣預展，並寄送最新的圖錄。說到此，潘勝正立刻提到浙江博物館新近收到一批捐贈的漆器，[1] 顯見他收集資訊的認真和精確。

■ 潘勝正之其它古董收藏 -2

漆器、家具、文房珍玩—潘氏收藏的珍寶

潘勝正開始收藏骨董時，看到中國經濟崛起，且西洋藝術品已非常高價，加上中華文化源遠流長，可收藏的器物更多，而決定收藏中國骨董。他認為如此不僅能接續文化的傳承、提升精神領域的享受，只要收藏正確，未來售出的價格，收益更豐厚。在諸多藝品之中，他從家具入手，以黃花梨、紫檀、柞榛木等高級硬木材質製作者為收藏對象（圖一），另外，文房珍玩也是囊中寶貝。

骨董的價值應該要如何判斷？潘總裁告訴我們：首要條件是稀有性。例如：明代成化年間出產的鬥彩雞缸杯，因極度罕見而身價非凡。而物品的精細程度，更是典藏的主要標準。物品必須符合珍罕精緻、細膩、美觀的條件，所以收藏家提升己身美學素養，才能鑑別器物是否達到標準。而有些古董因性質較特別，如：唐三彩是陪葬品，所以有些人會有忌諱，這一類骨董便不那麼適宜所有的收藏家。考慮上述因素，潘勝正認為漆器珍稀，且仿品易辨的特點值得蒐羅，於是也逐步地增加這方面的藏品（圖二）。

■ 圖一 藏品之一：晚明 明式紫檀骨董床

■ 圖二 藏品之二：清 乾隆剔彩春壽寶盒

一般民眾往往疑惑，現代技術優於古代，仿製骨董、甚至超越並不困難，為何古董的價值居高不下？潘勝正分享，在中國「頂級骨董多是皇室收藏的，而工藝大師們就是單為皇家服務，有時間慢慢、細膩地創作」。另外，以專業眼光看，器物很難仿得跟古代一樣。以漆器為例，古今用的漆就大不相同。又如瓷器的胎土，每一個時代所用不一樣，燒製出來的色澤、感覺有別；器形部分，甚至器物上的畫工、圖樣、以至筆觸等，像是常見的龍紋歷代畫法就各有巧妙之處。將這些特徵綜合判斷，就能鑑別真偽，況且，仿造的人通常難有深厚的學養，所以仿製品一定會出現破綻。

骨董改變了潘勝正的生活，他說自己的興趣從高爾夫、保齡球、運動、看電影，轉變成投入時間在骨董藝術的觀摩學習；經驗長期累積，讓自己的文化水平提升，美感也變得敏銳，眼界隨之提高。所以

他笑言：「避免買到假貨最好的方法，就是多看真貨！」對潘勝正來說，藝術品早已超過「物」的層次，而是人生的一種享受！一如他用無比的熱情、精力縱橫商場，在藝壇，他的熱情同樣發光！

■ 潘勝正之其它古董收藏 -3

[1] 按，為曹其鏞夫婦捐贈，2012 年 10 月 27 日「曾在曹家——曹其鏞夫婦捐贈中國古代珍貴漆器特展」在浙江省博物館武林館區隆重開幕。

《系列報導 -7》

台灣整廠輸出應靠策略聯盟
「把餅做大而非搶一塊餅」

此文為乙農企業集團總裁潘勝正先生，曾應邀參加食品工業發展研究所主辦的「台灣食品機械國際化研討會」，於會中所分享議題內容，今本社將全文收錄刊載以饗讀者，期望對台灣廠商有所助益！

文中潘總裁幽默且深入淺出的分享，讓與會人士皆受益良多，除了應該事先建立世界第一的觀念格局外，也應多到世界各地參展或觀展以培養國際觀，並將設備銷往已開發國家，以賺取更好利潤。其次，更應該學習義大利中小企業精神「把餅做大而非搶一塊餅」，這就是所謂策略聯盟的好處，而非一人獨吞、單打獨鬥的經營方式，如此將只會造成削價競爭的混亂市場，大家都沒好處。最後，機器要賣到好價格，外觀也是一項重要因素，第一眼若能吸引採購者，讓它成為一件藝術品，價格將可水漲船高，切勿讓原本性能強大的設備，因為外觀的不起眼，印象的扣分，如此將是一件令人感到可惜之事！

觀念決定企業格局「如果世界有第一，那第一就應該是我！」

今日很榮幸有這機會來跟大家共同學習分享，我是一個吹牛不打草稿的人，所以在研討會尚未舉辦的前幾天，食研所負責的小姐請我是否可以事先擬一份講稿給他們，當時我索性回答了：「那我就不來了，因為我沒有那麼多時間寫稿。」其實並非我拿翹，而是許多經驗已深植於內心之中，希望透過即時的自然分享與互動，為大家帶來更多的收穫與喜悅，否則將會被書面資料所綁住，收穫有限！當然，在此也要先跟大家說抱歉，若有不足處還請多包涵指教！

會中大家若有問題歡迎隨時提出，考倒老師是最好的學習方法，也是西洋教育的特色。我在大學時期，念的是政治大學西洋語文學系，曾經就告訴過我的日文老師「你的教學方法學生不容易了解，這樣下去學生不可能變成日文專家」。我

的教授回答我說「你在說什麼，你會教嗎？」，我回答他說「那你讓我試試看，效果可能會跟你不一樣」。於是教授答應我上台了，他坐在最後一排，課程結束後，教授認為我的方法的確較好，因此那年我日文的學期成績得了一百分。相同的德文也得了一百分，當時我主修的語言有英文、日文、德文、法文、西班牙文，每個學科保證一定都 90 分以上，沒有一科 90 分以下，分享這段過程並非要炫耀自己有多厲害，而是想告訴大家一個觀念「不管你要做什麼，永遠要想著，如果世界有第一，那第一就應該是我，這樣你才會有國際觀、遠見，這樣你的企業才能夠永遠衝第一」。

當時正夯產業「食品飲料機械業」

在我唸成功中學時，後來要上大學的時候是用保送的，我把第一志願填給了政治大學，原因是民國五十幾年的時候，當官最大，因此讀政大剛好可以成為進入官場的跳板，所以當我一進到學校後，就選擇競選當班代表、系代表、選總幹事、再選代聯會主席，幾乎什麼都選，為什麼？因為我想增加歷鍊。但，當我歷經了這些幹部後，我才發現政治是黑暗的，不太適合自己，正如我政治學教授告訴我們的，你若想要當一位政治家，要永遠記住兩句話：第一句「成者為王，敗者為寇」所以你要永遠記得：「只許成功，不許失敗。」第二句「為達目的，不擇手段」因此在洞悉政治生態後，我選擇畢業後從商，沒進入政治界，否則當時我的德文教授推薦我到總統府當翻譯官，如果那時候我去了，現在可能就是馬英九的前輩了！

我該如何賺錢？當時我進了日本最大貿易公司「三菱」，邊學貿易邊賺錢。有人問三菱賣什麼？他們說所有可以賣的我們都賣，除了棺材跟員工之外，因為員工是公司的寶，不能賣，棺材觸霉頭我們也不賣。三菱集團內有銀行、房地產、地產、電機、重工、礦業幾乎什麼

都有！所以當我做了 10 多年離開三菱後，選擇自己創業時，我選定了食品飲料機械，因為我認為飲料機械在台灣是一個非常有前途的事業，那時候台灣屬於開發中國家，跟現在大陸一樣，是一個非常夯的產業、很有前途，因為客戶群很多，從幾百萬台幣、幾千萬台幣到幾億台幣的客戶都有。當然，我也曾賣過其它產業的設備或產品，但幾乎都是賣了一次後，等了幾年後才又有其它消息，正如當時主要客戶之正新輪胎、南港輪胎，他們可能今年會給你上億美金的訂單，但明年可能只剩下幾百萬。所以不是理想的貿易事業，因此我才會投入所謂的飲料食品機械業。

現況一

一、老闆黑手出身、資金有限、國際觀及外語能力不足、設備雖實用但美觀不足、只能賣到合理價錢無法賣到好價錢

今天我的主題是台灣設備整廠輸出的現況與展望，因為我不太喜歡做刻意的書面資料準備，因此我希望能跟大家多做互動，比數據的溝通更有效，為什麼？很簡單，正如大學教授教股票，你叫他自己下場操控，我保證賠大於賺，為什麼？因為他們實戰經驗不足，我們要著重實際經驗與國際觀的培養，如此我們才能跟著世界脈動前進。

台灣食品飲料設備業的輸出現況如何？就我所知，有些量產設備業做得都非常成功，像紙箱成型機、紙箱裹包機等之類。真正屬於整廠輸出，然後金額大的，目前來說成功的廠商還不是很多，原因為何？因為台灣機械業，目前還有很多屬於第一代黑手出身的老闆，大家資金有限，加上國際觀有限，外語能力也不足，因此他們的機器主要以模仿為主，雖然做出來的設備的確非常實用，但缺點就是美觀不足，所以往往只能賣到合理價錢，無法賣到好價錢。所謂合

理價錢，據我所知，許多同業幾乎都是成本的 1.3～1.4 倍就把設備賣掉了，毛利只有三～四成，這對機械業來說是不好生存的。然而，我所代理的世界級大型設備製造商（如德國克朗斯），他們是以成本的五倍作為公司的定價，機器的外觀非常精緻美觀，因此總是能賣到好價錢，所以這是他們能快速成長原因，也是我們的致命傷之一。

二、員工自立門戶者多，低價競爭導致市場價格委靡不振

台灣目前仍是中小企業居多，員工人數都非常少，規模大的頂多兩百人左右，這樣的條件是很難接到大生意的！加上每個人都想自己當老闆，「寧為雞首，不為牛後」的觀念仍盛行，當員工技術學的差不多之後，往往就出去自立門戶，並成為競爭對手，此時他的成本開銷一定比你少，因此就被他的低價策略給搶走，一段時間的惡性循環後，整個市場的價格一定委靡不振，這是所謂的第二個問題。

三、開發中國家客群無法賣高單價產品

由於我們都是中小企業居多，因此客戶群皆以開發中國家為主，這些國家的廠商資金必定較有限，加上他們的觀念就像我們民國六十幾年時一樣，認為設備可以用就好，不會有太大的要求，因此我們的設備要賣高價幾乎不太可能，而且有時還會碰到大陸企業的低價競爭！

四、大陸政府大力支持地方產業，讓客戶適用滿意才收錢

1989 年，我以副團長身份帶我們中小企業訪問團到大陸去參訪時，對大陸市場一片看好，因為他們技術的確落後，可是二十幾年後的今天，他們的基礎工業起來了，很多設備已經和我們旗鼓相當，加上大陸政府與韓國政府一樣，非常積極協助廠商培植成世界一流的公司，怎麼說？因為大陸每個地方政府幾乎都能自己做決策。所以像達意隆，是大陸一間非常大的包裝設

備及各種寶特瓶瓶胚設備製造商，本來規模非常小，可是有一天他們的地方書記決定要支持發展這個產業，告訴達意隆盡量去發展，政府會支持，甚至讓達意隆先將設備交到客戶工廠，讓客戶適用滿意後才收錢，你說這樣不贏過對手才奇怪。反觀，我們台灣政府大概就無法做到這點，這是我們的弱點，也是我們的現況。

展望一

一、二代接手朝中大型企業發展　改進外觀設計將可賣到好價錢

關於展望呢？我們第一個優點，台灣的企業現在已開始有了學成歸國的第二代，他們有知識，有企管的觀念，在這種情況下，有的小公司已慢慢脫胎換骨往中大型企業發展，也正因如此，我們應該可以開始注重提昇設備的外觀，如此才能賣到好價格。像德國設備，他們希望產品像一件藝術品，讓你一眼上去就會喜歡上它，覺得它很有價值！以我代理全世界總共一百多家產品來說，設備大致可分成三大類：

（1）日本設備：因為日本資源較不足，因此他們的設備非常美觀而不耐用，為什麼？因為他們習慣如果用 5mm 的鋼板能夠達到相同效果時，他們絕不會用 7mm 的鋼板，而且剛開始機器賣你不貴，但以後就貴了。

（2）美國設備：由於美國資源豐富，加上美國人都很魁武，所以他們的機器都很大台，不美觀但很耐用，因為他們使用的材料都已是超承載，幾乎超出你的需求。

（3）歐洲設備：以德國、瑞士來說，不但美觀又耐用。因此，我們必須開始注重外觀設計，要多學習日本、德國機器設備商的外觀設計，他們一定焊到一層疊一層，非常漂亮，不會像我們，所以這要繼續改進，才能夠賣到好價錢。

二、藉參展將設備銷往已開發國家，賺取好利潤。策略聯盟，共同創造雙贏局面

第二，我希望各位廠商能夠去世界各地觀展、參展，讓我們的設備在銷往開發中國家外，也有機會銷往已開發國家，因為那裡價錢較好！譬如以我的經驗來說，當我是機生董事長的時候，機生是當時食品界最大的公司，後來我把他買下來，幾年後再把它賣掉！因為後來我發現機器廠的缺點是訂單很多，但你只有 24 小時可生產！訂單沒有的時候，薪水一樣要照發，因此營業額受限了。後來我改從事整廠貿易的生意，自己不生產，變成沒有訂單金額上限的限制，錢賺的比較多了。從事整廠規劃時，必須要有貿易公司、工程顧問公司、機器製造公司，因此我跟台灣的同業合作，看哪個同業機器做最好，我們跟他合作，用它的設備，一起外銷。所以我現在著重於接大案子，譬如說台灣青島啤酒廠，一個案子十五億台幣，從麥芽處理到產品完成。目前貴州第一首富也在和我談

做膠原蛋白飲料，需要兩套寶特瓶無菌充填線、兩套罐裝生產線，一套是一分鐘 800 瓶，比現在我交愛之味那兩套還要快，四套一次就有 20 億台幣。根據我們參考世界各國作整廠規劃的應得利潤，貿易公司約佔 10~15%，工程顧問公司 15% 左右，我只要 10% 加上 15%，就是 25%，是一個很不錯的數字，我一次就可以賺進幾億，我或許可以不要那麼貪心，可以再捨掉 5%，甚至 10%，賺 15% 我就非常高興了，在這種情況下，從事整廠規劃貿易是非常有前途的事業。因此我也希望台灣廠商，能夠攜手合作，甚至組織一個策略聯盟，推銷整廠規劃，這是另一種展望！我跟德國克朗斯 (KRONES) 合作時，為了要讓他的設備能夠跟西得樂 (SIDEL)、KHS 等跨國合作時不要降掉太多利潤，所以我就跟克朗斯說，機器核心部份由你們來提供，核心以外的設備我來負責，因此我就找我們台灣自己的機器廠合作，大概只要賣克朗斯價格的七成就很好賺了！之前，我賣給愛之味第一生技的兩條無菌線也是

以這種方式，現在正要進行的大陸案子也將是這種方式，因為這樣子對彼此都好，大家都有利潤，所以這是我們未來應該要走的方向。其它如統一印尼廠的無菌生產線也是我賣的，都是這種運作模式。因此跟國外一流廠商配合是非常重要的課題。

三、應學習義大利中小企業精神「把餅做大而非搶一塊餅」

另外，台灣機械產業以中小企業居多，我們應該要以義大利為最好的典範，為什麼？因為義大利的所有機械製造廠也都以中小企業居多，大概 10~50 人的最多，他們出去接生意是怎麼接的？他們絕不會說我只有生產其中五項，其它的我配別人的給你，他一定會說所有設備都是我自己生產的，為什麼？因為這樣客戶才更會信任你、才更有安全感！等你回去之後，你再把方圓百里之內的同好叫來，這次我作主，我當 MAIN SUPPLIER，你們都掛我的牌上去，下次其他人接單的時候也用相同方式，大家互相支援而不互相競爭，這是對中小企業非常好的合作方式。如此大家不要搶一塊餅，而是共同把餅做大，每人可以吃大塊一點，而且更好吃！

最後，像經濟部食品研究所是台灣非常有名的單位，在楊炳輝博士的領導下業務非常得好，希望楊博士繼續努力，多舉辦類似的研討會，企業多交流，讓每個廠商能夠交換意見，來研究如何提高品質、如何互助合作、如何尋求政府給業者的必要協助，這種情況下能夠使台灣企業共存共榮，共同努力，互相合作，大家賺取更多的錢而不是只在互相競爭，破壞市場價格。

我想我們台灣人都是非常刻苦耐勞，做事認真的同胞，大家對每件事都非常執著、非常認真、非常努力的想完成，只要我們的業者能在政府的支持下，並透過同業間的腦力激盪，並培養國際觀、世界觀，把我們的設備做得更好、更美，未來將可在國際上佔有一席之地。

《系列報導 -8》

你不可不知的真相
「大陸機器已悄悄入侵」！

大家應摒除成見、齊聚一堂、共謀合作發展機會，朝國際市場打拼

《專訪乙農企業總裁潘勝正》

台灣菸酒公司已用大陸進口啤酒生產設備

「大陸機器已悄悄入侵台灣」，專門從事於飲料及酒類包裝機械之代理販賣及整廠規劃的乙農企業總裁潘勝正告訴我們，以台灣菸酒公司啤酒廠來說，很多設備就是用大陸生產的，如殺菌機、洗瓶機、裝卸箱機、裝卸棧板機等，他說台灣菸酒公司之所以會用大陸設備的原因：

(1) 機器速度問題：以洗瓶機來說，大陸機 1 分鐘洗 600 瓶以上，台灣 1 分鐘才洗 400 瓶。
(2) 價格問題：台灣機較貴，因人工、廠房成本高。
(3) 經驗問題：台灣廠規模較小、量產機會少，經驗累積較慢。

聽到這樣的消息，讓我們不覺發現台灣優勢似乎已漸漸流失，潘勝正還進一步表示，以飲料整廠設備來說，現今台灣還存在的優勢只剩套標機，因為以前國外較少發展這部分，後來是由英國研發出來，我國再引進改良，時至今日已非常成熟，較少人能取代，但似乎也僅止於此！因此我們不可不面對這樣的真相，應急起直追，否則將有可能被大陸機取代。

台灣機械廠最大缺點：

(1) 大部分為黑手起家，所以國際觀不足，較難吸收新知，隨時代脈動跟進。
(2) 資本較弱，不能隨時代需求擴充廠房，造成技術發展受限。

潘勝正說，除了以上兩項缺點外，台灣廠商還有一項劣勢，就是沒有政府作為靠山，怎麼說？在大陸市場打滾幾十年的潘勝正告訴我們，現今大陸機械廠五大廠之一的達意隆，在開始創業時，獲得政府大力支持，做到能將整條生產線搬到買家工廠，讓對方試用，驗收合格後再付款！藉由這樣的銷售方式，深深獲得買家信任，自然生產線會一條接著一條續購。反觀，台灣廠商哪有一家能做到如此，沒政府的支撐，經費根本不足，無法做到這樣的服務。

另外，潘勝正還針對欠缺研發所帶來的後果作了舉例說明，美國是最大的例子，他說，美國 MEYER 是第一個發明罐裝飲料生產設備的公司，一分鐘可生產 600 罐，獨步全球 10 年之久，但後來不求創新再突破，陶醉在賺錢歡愉中，一直生產相同機型銷售，導致後來被德國的 KHS、Krones 趕上，甚至最後被義大利的 Simonazzi 買走，該品牌也隨之消失。

因此台灣廠商，在國際觀不足、研發欠缺、政府支援不夠的情形下，未來該何去何從？台灣市場從民國 60 年代開始發展，到了民國 80 年代已進入成熟期，百家爭鳴，再推出新機成長有限，也難有太多大案足以支撐多家包裝中小型製造商之訂單！

摒除成見、齊聚一堂、共謀合作發展機會

包裝產業未來何去何從？訪談中，潘勝正謙虛地提出他的建議，他說：「依他的拙見，大家應摒除成見、齊聚一堂、共謀合作發展機會，並朝國際市場邁進，否則在未來 10~20 年內，成長將更艱辛」。他認為，有意繼續在包裝產業發展的廠商，應可考慮策略聯盟朝國際發展，尤其是大陸市場目前正處於成長期，需求很大，進入正逢時，以康師傅為例，他說，他們一訂就是 20 幾條生產線，台灣廠商若不合作，根本無法消化這麼大的訂單，因此若是合作，大家即可分頭進行，有人利用關係拿訂單、有人利用技術將機器生產出來、有人利用與銀行關係將貸款取得，如此分工將可更易取得訂單，何樂不為？

聯盟合作應有認知與作法：定期召開檢討會，務必使每個會員都有訂單作

接著，潘勝正又進一步說明，他說，此種合作模式若促成時，大家依舊是自家老闆，不可打散再重組一家公司，因為若要這麼做很困難，大家也不願意。一開始可固定時間聚會、交換訊息增進彼此關係。接著針對某一案子，看誰與買家關係最好就負責去搶單，之後，再分配協調由誰去作哪個部分。成員中每種機器不一定只找一家成為會員，因為有時訂單可能太多做不來，或是機型不一定每家都有做，如此將可避免這樣問題發生。

另外當有訂單時，也會召開會議討論，看誰的機器較適合？價錢較適合買主？就由誰作！當然每季或每年，也都會召開檢討會議，務必使每個會員都有訂單作。

各執己見時，以開標方式決定由誰接單

當遇上成員各執己見，認為彼此技術與價格都一樣時，就會以開標方式解決，當然此次若由甲方承接，下次則會改由乙方承接，開標只是決定順序，並非一直由某家接單，務必求公平，否則沒生意做，一段時間後，會員自然會流失。

宏觀角度放下恩怨，以生意為重

會員中，若遇上甲乙雙方原本關係不好時，建議大家仍須放下恩怨，以生意為重。或原本是誰的客戶就一樣保留給誰做，他方不可介入，大家須宏觀，放下私人恩怨，甚至有時也該多給接下訂單者額外利潤，大家若能如此合作，不但可銷售自家機器，也可分到整條生產線合理的百分比利潤。

最後，潘勝正說，或許有人會認為，這樣的聯盟方式，在台灣根本不可能實現，尤其是同行，要一起合作根本不可能，光是訂單分配就很難擺平，關於這樣的問題，他說，其實這不難，就像他為何可以將世界各大飲料機械品牌同時代理到手，就是因為他可以說服到對方信服，將代理全都交到他手上，他保證一定會分配到大家都有生意做，若自己到台灣找代理，可能會拼的很辛苦，訂單到頭來也可能只剩不到一半，利潤也將去掉一大半，所以他們沒必要如此做，將代理權交給他就事半功倍！

千・紋・萬・華
談盛世財富、精絕技藝與高雅品味之清宮雕漆

《文：楊坦》
《圖：陽明山房》

　　漆器以及漆器文化，在中國有著非常悠久的發展歷史。就出土實物來看，浙江餘姚河姆渡文化遺址中出土的朱漆木碗，至少可將中國漆器的源頭追溯到七千年前。而時至兩千多年前的西漢，馬王堆大墓中，已有供墓主人．侯夫人辛追使用的繪製精美的成套漆器。不論是先秦時期，還是漢唐、宋元、明清，漆器從未遠離中國古代貴族的文化生活。然而由於漆器在材質上，不似青銅器、瓷器那樣更為堅固而且耐保存，能夠流傳至今並被收藏家們寶藏的，主要是宋元、明清時期的漆器。《髹飾錄》是明代隆慶年間

（1567~1572 年），由著名漆工黃成寫就的漆藝專書，是中國現存最早、最重要的一部相關著作。近百年來，從日本到中國，學者們透過對該書的全面研討，才進而對唐、宋、元、明的漆器有了相對清晰的認識。由此《髹飾錄》也對後世漆器的審美、品評，產生了深遠而巨大的影響，人們往往都以黃成的理念為參照，即使是在評價風格追求不一樣，製作工藝另有創新的清代宮廷漆器時，也會沿用明代的舊有標準，認為清宮漆器「然鋒芒太過，乏渾厚之趣」。這種情況造成了持續至今的，漆器收藏以宋、元和明代永

宣作品為貴的局面。漆器以及漆器文化，在中國有著非常悠久的發展歷史。就出土實物來看，浙江餘姚河姆渡文化遺址中出土的朱漆木碗，至少可將中國漆器的源頭追溯到七千年前。而時至兩千多年前的西漢，馬王堆大墓中，已有供墓主人.侯夫人辛追使用的繪製精美的成套漆器。不論是先秦時期，還是漢唐、宋元、明清，漆器從未遠離中國古代貴族的文化生活。然而由於漆器在材質上，不似青銅器、瓷器那樣更為堅固而且耐保存，能夠流傳至今並被收藏家們寶藏的，主要是宋元、明清時期的漆器。《髹飾錄》是明代隆慶年間（1567~1572年），由著名漆工黃成寫就的漆藝專書，是中國現存最早、最重要的一部相關著作。近百年來，從日本到中國，學者們透過對該書的全面研討，才進而對唐、宋、元、明的漆器有了相對清晰的認識。由此《髹飾錄》也對後世漆器的審美、品評，產生了深遠而巨大的影響，人們往往都以黃成的理念為參照，即使是在評價風格追求不一樣，製作工藝另有創新的清代宮廷漆器時，也會沿用明代的舊有標準，認為清宮漆器「然鋒芒太過，乏渾厚之趣」。這種情況造成了持續至今的，漆器收藏以宋、元和明代永宣作品為貴的局面。

而實際上，清代宮廷漆器，特別是乾隆一朝的雕漆，由於皇帝的偏愛與對製作過程的掌控，將中國之漆器藝術推向了歷史的新高峰。乾隆一生酷愛漆器，當時漆器在宮中可謂無處不在。大型用具如廳堂隔扇、床榻、桌椅、屏風，小型器物可見盒、盤、碗以及莊嚴的佛前供器和雅致的文房用具，品類之多，做工之精善，都無不令人讚歎。而在各種漆器中，乾隆皇帝尤為喜歡的，就是雕漆製品，他曾命人在宮中舊藏的數十件明代雕漆器物上，將御製詩題寫其上，他對雕漆製品的欣賞與喜愛程度便可想而知了。當時的清宮在製作雕漆器物時，摹古而非食古不化，既關注對古

代風格的傳承和利用，又重視探索、發揚本朝的新工藝與新品味。可以說清宮最精美的雕漆作品，都體現著乾隆皇帝，這位十全老人的獨特品味，展現出與以往全然不同的藝術追求 ——纖絲畢現、鋒芒灑脫、層次豐富、華麗而頗具視覺衝擊力，即所謂的「千紋萬華」之風。誠如台北故宮博物院蔡玫芬所言：「宮廷工藝品的共同特徵是富麗、工繁、奇巧，尤其當帝王重視藝事時，往往能利用充裕的府庫資財，傾力製作特殊精善的成品。」[1]而清宮瑰麗的雕漆作品，無疑是盛世財富、精絕技藝與高雅品味的典型代表。

近十年來，兩岸故宮學者對《養心殿造辦處各作成做活計清檔》進行了大量研究工作，展示出清宮漆器出現新工藝特色的背景原因。本文就從當時雕漆工藝作品中，數量最多、品質最優的剔紅和剔彩器出發，來探尋清代宮廷漆器獨具魅力的「千紋萬華」之美。

清中期宮廷雕漆風格的變化，大致體現在工藝、題材和造型三個方面上。

一、清代宮廷雕漆工藝

雕漆的製作工藝主要分為胎體、地仗層和髹飾層三個部分。第一部分是製作胎體，乾隆朝的雕漆胎體以木胎為主，圓形器物則多用卷木工藝製胎。第二部分是地仗層，分為血料地仗和大漆地仗兩種，前者多是豬血與磚灰等材料的混合物，多用於大型用具上；後者是大漆與鹿角灰的混合物，由於材料成本較高，所以常用於小巧而精緻的器物上。第三部分是髹飾層，是雕漆工藝的核心，先是用調製好的漆液在胎體上層層髹塗，堆積起厚厚的漆層，然後再將設計好的平面紋樣，實施在漆層之上，轉化成線條精到的立體浮雕。

明《髹飾錄》記載：「剔紅，即

雕漆也，髹層之厚薄，朱色之明暗，雕鏤之粗細，亦甚有巧拙」。意思是，漆層髹塗的厚薄、紅漆色澤的明豔與黯淡、雕鏤工藝的精緻與粗糙，都關係著剔紅成器最終品質的好壞。後有天啟朝楊明為《髹飾錄》做注：「唐製如上說，而刀法快利，非後人所能及，陷地黃錦者，其錦多似鉤雲，與宋元以來之剔法大異也。」也就是說，楊明認為：唐代以後至明代的剔紅雕漆，在刀法的快利上，無法超越唐代的水準。進而還分析了宋、元以及明代，關於陷地的黃漆錦地的雕刻手法，也和唐代有很大的差異。然而唐代的雕漆，難見實物，它像印版一樣的雕刻風格，或許是因為漆質硬度或者雕刻工藝使然。而清代乾隆朝的雕漆，應有別於黃成和楊明所述，特點雖同樣是刀法快利，但漆層髹塗很厚，造型也細緻入微，更因為雕刻完成後不設打磨，所以顯得俊麗挺拔，有別於明代雕漆注重藏鋒、隱起圓滑的特徵。

清代早期直到乾隆初年，清宮內府的造辦處還不能製作出令皇帝滿意的雕漆器物，於是乾隆皇帝命造辦處牙作藝人，來輔助漆作進行雕刻。內務府造辦處的活計檔案中記載：「三年十月十四日，傳旨，雕漆盒若漆得時，交牙匠雕刻，欽此。」乾隆皇帝讓漆作的藝人髹漆，然後命專業畫工來設計裝飾紋樣，之後交由牙雕藝人來雕刻。牙雕藝人具有扎實的雕刻功底，只要把握好材料性能，就能得心應手地進行雕刻，充分發揮象牙雕刻藝人細緻精微的刻畫能力。由於雕漆在沒有完全乾燥時的強度不及象牙，經不起打磨，所以在雕刻完成後很少進行打磨，依然保留著刻刀遊走所留下的痕跡，由此就形成了乾隆朝雕漆刀鋒必現的特徵，這或許是乾隆朝雕漆刀法快利的

備註
1 蔡玫芬，《文房聚英》解說篇 3，文房清玩的發展史，明代頁 131，同朋社。

一個原因。從這些檔案可知，清宮雕漆的一大工藝新特色，就是牙雕藝人將象牙雕刻技術的注入。那麼或許就此可說，例如我們在乾隆鏤雕象牙球上可見的「仙工」之美，同樣可見於雕漆之上，不論牙雕還是雕漆作品，它們都是乾隆品味的展現，而這種富麗之中見精微的視覺效果，是不適於用在藝術追求上，就本不一樣的明代標準來品評的。

又有內務府造辦處檔案記載：「乾隆十八年五月初五日，員外郎白石秀、達子來說，太監胡世傑交雕漆海獸圓盆一件，傳旨，著交南邊一模一樣做雕漆海獸盆兩件，欽此。於十九年十二月十七日，員外郎白石秀，將蘇州織造安寧運到雕漆海獸盆兩件。」如此由織造和鹽政來承辦宮廷漆器活計的記錄很多，乾隆花園中符望閣、倦勤齋、萃賞樓等建築的內簷裝修就是由兩淮鹽政李志穎來承辦的。這種南方與北方的工藝交流和融合的情況，在客觀上更促進了乾隆雕漆工藝水準的提高。

二、圖案題材豐富多彩

清代宮廷紋樣設計有「圖必有意，意必吉祥」的傳統，既展現著對宋、元、明三朝，花卉、人物故事圖和龍紋等吉祥圖案的繼承和發揚，又有乾隆仿古等創新紋飾的出現。

龍紋作為歷朝歷代皇權的象徵，是最能體現不同時期之時代風格的標誌性紋飾，如清乾隆剔紅海水龍紋趕珠蓋盒（圖1）。此器蓋盒為圓形，通體剔紅，盒蓋雕海水龍紋趕珠紋，三條雲龍盤旋於波濤之中，海水紋延伸至蓋壁，盒蓋內髹黑漆，刻「龍紋寶盒」四字戧鎏金楷書款，盒底刻「大清乾隆年製」楷書款。整盒髹漆厚重，風格上其刀工較晚明更加鋒利，工藝更加精湛，層次上也更加豐富，出現了更具有立體感的海水紋，使得畫面頗具動感。

■ 圖1　清乾隆　剔紅海水龍紋趕珠蓋盒　D 18.5 cm　台北陽明山房 藏

■ 圖2　清乾隆
御製繩紋剔彩竹林七賢圖蓋盒　D 17.4 cm
台北陽明山房 藏

清代以人物故事圖為題材的雕漆作品，繼承了宋元遺風，在融合了明代不同時期雕刻風格優點的基礎上，有所創新和發展，更加追求精細纖巧的效果——刻必精細且無處不刻，形成了乾隆時期雕漆的藝術特徵。如清乾隆御製繩紋剔彩竹林七賢圖蓋盒（圖2），此蓋盒以黃、綠兩色漆雕天水錦地紋，朱漆雕圖紋。蓋面雕《竹林七賢圖》，依山小廳，茂林修竹之間七位長著或對弈、或題壁、或攜琴訪友、或展卷賞畫，並有小童相伴。

乾隆朝的剔彩工藝取得的成就，也很值得關注。由於髹漆工

194

藝整體水準的提高，乾隆時期的漆器工藝總是能夠推陳出新，並且在高難度的工藝種類上有所突破。剔彩工藝在技術要求上，比單色的剔紅、剔黑和剔犀還要複雜。髹塗雕刻時，要在漆胎上逐層塗紅、綠、黃等色漆，每種色漆都要層層髹塗並積累到預設的厚度，然後根據設計紋樣逐層雕刻。乾隆朝的剔彩器物不乏精品，如剔彩人物故事圖銀錠式蓋盒（圖3）和剔彩壽春寶盒（圖4），它們以剔彩工藝雕刻花紋，壽春寶盒蓋

■ 圖4　清乾隆
剔彩壽春大捧盒 D 48 cm
台北陽明山房 藏

■ 圖3　清乾隆
剔彩人物故事圖銀錠式蓋盒　W 30 cm
台北陽明山房 藏

面圓形開光內雕聚寶盆，盆內映射出萬道霞光，上托「春」字，春字中心圓形開光，居中刻一壽星，其旁伴有松柏和文鹿，取「壽春」之意。「春」字兩側各雕龍紋，四周襯托彩雲。盒壁上下各有開光四組，其圖中分別雕有《洗桐圖》、《米芾拜石圖》、《撫琴圖》等圖案。在清宮檔案中有明確記載，此盒造型和圖案均仿自明嘉靖剔彩春壽圖圓盒，但比嘉靖漆器雕刻得更精細，漆色更為純正。

三、雕漆器型推陳出新

在繼承元明的盤、碗、盒、箱的基礎上，各種雕漆傢俱大量製作，如寶座、屏風（圖5）、條案、炕櫃，其他如輦式香几、畫舫式香案、殿閣式香亭等，別出心裁，頗有創意。這一時期，各種花果式漆器也頻繁出現，楓葉式、桃實式、葫蘆式的盤、盒之屬，推陳出新。另有卷軸式、書函式、古琴式、錦袱式的匣、櫃之類，亦很新穎別緻。

清宮中的漆器按用途可分為：

（一）**飲食及日常用具，如盤、碗、杯、壺、盒、匣、唾盂、帽架、如意等。**

（二）**宮廷陳設器及宗教陳設器。**雕漆陳設器主要有花瓶、仿古尊、彝等器物，亦可見插屏、掛屏、異獸以及脫離實用功能的碗、盤等玩賞品。其總體要求是突出造型、圖案和色彩的美感，充分發揮器物自身的特點，以適應各種環境的需求，達到協調統一的效果，如剔彩蟬紋仿古大尊（圖6），高七十點五釐米，豐肩圓腹，

■圖5 清乾隆
剔彩山水人物圖座屏
40.8 × 38.7 × 16.8 cm
台北陽明山房 藏

■圖6 清乾隆
剔彩蟬紋仿古大尊
H 70.5 cm
台北陽明山房 藏

有仿青銅器的蟬紋、漢鈕，下面又用十八世紀宮廷偏愛的西番蓮圖案做組合，既繼承傳統又不斷創新，用乾隆皇帝的一句御題詩——「別出新樣無窮盡」來形容最為恰當不過。

再有由於乾隆皇帝篤信藏傳佛教，他創造出了很多供奉佛教的雕漆用器如佛塔、三供（圖7）、酥油盞等，它們將瓷器中的紋樣，用剔彩的方式製作出來，圖案立體，層次分明，色彩對比強烈，令藏傳佛教用器莊嚴而神秘的特點，得以彰顯得淋漓盡致，從而也說明了清代宮廷之中，精美的雕漆作品的等級之尊貴。另外，應特別指出的是，相對於瓷器上可以一次性燒成的平面紋飾，轉而在漆器上製作同類的立體紋飾時，很可能需要耗費更多的物料、人工，對工匠技藝之要求，也應當是最高水準。乾隆以後，時至晚清，雕漆技藝幾近失傳，有記載當時適逢慈禧太后六十壽辰，蘇州已經無力承做宮廷指派的雕漆器物了，可見能夠流傳至今的乾隆大器之珍貴。

■ 圖 7 清乾隆
剔紅纏枝蓮八寶紋供器一組（三供）
燭台 H 31.4 cm　香爐 H 34.4 cm
台北陽明山房 藏

（三）文房用品。

清代宮廷雕漆在文房用品方面，較之前歷代更是推陳出新，除傳統的毛筆、筆架、臂擱、硯盒、鎮紙、筆筒外，又增加了雕漆爐、瓶、盒三式，和陳設文房的小型架格、卷軸式畫匣、書函式方盒，以及古琴式、錦袱式匣等，可謂層出不窮而絢麗多姿。

■ 圖 8 清乾隆
剔彩十八羅漢圖筆筒　H 13 cm
台北陽明山房 藏

如清乾隆剔彩十八羅漢圖筆筒（圖 8），此筆筒圓口，髹漆肥厚，用綠漆雕水波紋作錦地；以紅漆雕成立體感極強的十八羅漢，他們有的立於水中的小島和礁石之上，有的斜跨虎背，有的安坐於樹叉，彼此間姿態各異，卻無不精妙傳神；在羅漢的包圍中，更有紅漆雕作的海浪紋，從中探出的龍頭，在大片的綠漆海水紋錦地中脫穎而出，實為有點睛作用的神來之筆，僅僅從此件雕漆精品上，便可見乾隆朝雕漆器物的高超藝術造詣——局部紋飾與

圖樣的整體構思，它們彼此間緊密關照呼應，每一個細節都深蘊耐人尋味的變幻神采。

受明代《髹飾錄》等前人著作影響，乾隆朝的雕漆藝術以往常常被冠以繁縟瑣碎、審美趣味如清乾隆剔紅夔龍紋香爐（圖 9），此香爐圓腹，腹側一對夔龍耳，圈足外撇，蓋覆碗形，頂部以象牙嵌套朱紅漆寶珠圓鈕。通體剔紅裝飾，髹漆厚而均勻，漆色正紅。爐身紋飾分三層，頸部刻花草龍，腹中刻變形夔龍紋，脛部刻雲雷紋，器蓋刻雲頭紋、夔龍紋及「卍」字紋。

■ 圖 9 清乾隆
剔紅夔龍紋香爐　H 16 cm
台北陽明山房 藏

通體紋飾以浮雕於回紋地上，繁複細密，精緻華美。

結語

然而，如果可以深入體味每一件當時的雕漆精品，便能深切領會到它們身上散發著的清宮藝術的魅力，例如在清乾隆剔彩十八羅漢圖筆筒（圖8）上，可見整體與局部紋飾，在空間排佈上精到而細膩地把控；又能看到清乾隆剔彩天圓地方百壽紋春壽盒（圖10），在造型上的絕妙設計。

■ 圖 10　剔彩天圓地方百壽紋春壽盒
24.5 × 24.5 cm
台北陽明山房 藏

這些精妙器物的身上，不僅體現了清宮匠人對於技藝至臻完美的追求，也映射出乾隆皇帝的帝王情趣以及對於雕漆藝術的關注與熱愛。以乾隆朝為代表的清宮雕漆作品，正可謂「技藝雙絕」，一絲絲線條最終凝聚成「千紋萬華」之美。

清代宮廷藝術是統領在帝王藝術思想及品味之下，集全國之物料資源、能人巧匠，創造出的宮廷藝術精品。清代御瓷、掐絲琺瑯，與宮廷雕漆同屬此範疇。就像與宋瓷相比，清宮琺瑯彩瓷可謂集前代之大成，而創造了中國彩瓷的巔峰，它們是不同時代背景中、不同審美追求下的產物，本就有著各自的品評標準。可見，與元明雕漆之渾厚風格相比，清代宮廷雕漆之「千紋萬華」本應自成一脈，它將中國雕漆藝術推向精微之處見功夫的新高峰，其歷史地位與作用終將得到應有的重視。

千｜文｜萬｜華
精湛、華美、絢麗的中國漆器藝術

《文 潘勝正／陽明山房》

明代隆慶年間的漆器名匠黃大成在他所編寫的「髹飾錄」序中寫著：漆之為用也，始於書竹簡，而舜作食器黑漆之。禹作祭器黑漆其外、朱漆其內……，可見中國人早已懂得利用樹漆的特色……，即「漆」具有可彩繪的功能、漆面能夠呈現明亮的色彩與溫潤而亮麗的質感，並且具有抗菌、耐腐蝕、耐酸鹼、堅固、耐用、耐熱、耐濕、不變質、不褪色、不剝落等特性，並用漆當塗料來製作食器、祭器、實用器、樂器、賞玩器……等等，開風氣之先，為我民族之驕傲。

自從八千年前浙江蕭山跨湖橋的漆弓起，至七千多年前的新石器時代河姆渡文化，中華民族即有漆器的出現，如（圖1）新石器時代的朱漆木盌及良渚文化反山漆器瓶（圖2）等。

■ 圖1 新石器時代 朱漆木盌

■ 圖2 良渚文化 反山漆器

■圖3 戰國
彩繪樂舞圖
鴛鴦形漆盒

■圖4 漢
彩繪雲紋漆盒

■圖5 唐
嵌螺鈿人物花鳥
紋漆背平脫鏡
D 23.9 cm
中國國家博物館藏

■圖6 宋 黑漆六瓣盤
D 15cm 台北私人收藏
台北陽明山房 藏

戰國至漢代則是中國漆工藝的第一次高峰，漆器從禮儀用器變化擴大到生活器。如（圖3）戰國的彩繪樂舞圖鴛鴦形漆盒與（圖4）漢代的彩繪雲氣紋雙耳漆盒。

隋唐時，據文獻記載已有雕漆，但至今仍未見有實物存世。河南洛陽出土一件唐代的嵌螺鈿人物花鳥紋漆背平脫鏡（圖5）是最能表現出當時工藝及審美的器物之一，四川、洛陽、揚州等地都有製作。

然而中國漆器之真正由工藝品走向全方位實用器，則始於宋代。早期多仿金銀器為主，如（圖6）宋代黑漆六瓣盤，直徑：15公分。

唯宋代漆器又發展出了一個突破性的成就，即雕漆工藝的成熟，並因而導致了中國漆器日後走向藝術欣賞品味之途。

雕漆是在胎體上層層髹漆，達到需要的厚度時，按所需的圖案雕刻出深淺不同的花紋、圖案，使其具有突出主題、層次分明的浮雕效果。雕漆有剔紅、剔黑、

剔犀、剔黃和剔彩等多種。宋代
的存世漆器就有這些品類的作品。

剔犀漆器則是使用了兩種或
三種色漆，分層髹漆再雕刻出雲
紋、回紋、卷草紋等花樣，在刀
口的斷面露出不同的色層，以較
單純的雕琢技法卻取得更富有變
化的藝術效果。

宋代剔犀的代表作品如：江
蘇常州博物館藏之南宋剔犀鏡盒
（圖7）。剔紅漆器又稱雕紅漆器、
紅雕漆器，即是在胎體上層層塗
髹紅漆，每層須於下層漆乾透後，
方能再髹一層，少則數十層，多
則數百層，再細細雕刻出各色各
樣的圖案，以表現出更具層次、
更為華麗的效果。

宋代剔紅之代表作品則有日
本九州國立博物館藏之後赤壁賦
剔紅大圓盤（圖8），直徑足足有
34.2公分。

剔黑漆器又稱雕黑漆器，即
用黑漆不斷堆積到相當的厚度後，
再剔刻花紋、圖案的作品，很能
表現出宋人高雅生活品味的效果。

■ 圖7 南宋 剔犀鏡盒
常州博物館藏

■ 圖8 後赤壁賦剔紅圓盤
D 34.2cm
日本九州國立博物館藏

■ 圖9 牡丹花紋剔黑盤
D 18.1cm
國外私人收藏

■ 圖10 宋 剔黑花卉紋香盒
D 8.6cm 私人收藏
台北陽明山房 藏

圖 11 宋
蓮瓣紋剔彩盤
D 18.2cm
日本愛知縣興正寺藏

圖 12 元
褐漆蓮花式蓋盒
H 15.5cm
台北陽明山房 藏

圖 13 元
長尾鳥牡丹花盤
D 31.2cm
東京國立博物館藏

圖 14 元 剔紅牡丹紋圓盤 張成造款
D 15.3cm 台北陽明山房 藏

宋代剔黑漆器之代表作品有：牡丹花紋剔黑盤（圖 9），直徑：18.1 公分，為國外私人收藏品，國內台北陽明山房收藏則有宋代的剔黑花卉紋香盒（圖 10），直徑：8.6 公分，都是十分精采的東西。

剔彩漆器又稱雕彩漆，即是在器物上用不同顏色的漆，分層漆上，每一色層髹若干道，使用各色層時，便剔除在它之上的漆層，然後在需要的漆層上雕刻出紋飾、圖案，使作品多色燦爛，如紅花、綠葉、紫枝、彩雲、黑石等。此法最能表現出器物華美瑰麗的效果。

宋代剔彩漆器之代表作品如：日本愛知縣興正寺所藏之蓮瓣紋剔彩盤（圖 11），直徑：18.2 公分，雙層蓮瓣拱托著蓮心，五彩斑爛，全器滿剔，十分可觀。

元代的漆器則在前人不斷努力的基礎上，達到了爐火純青的

程度。浙江嘉興府西塘鎮為元代生產漆器的重鎮，其中名匠輩出，尤其是張成、楊茂二人，更是當時最著名的漆工及雕漆能手，工藝高超，匠心獨運，他們的作品雕作精細、美侖美奐，為元代士大夫所寶玩，甚至與書畫並重，現在已經成為稀世珍寶。作品遠傳日本、琉球，且風格貫穿於後世之明永樂、宣德年間的雕漆器中，影響至為深遠。作品如（圖12）元代褐漆蓮花式蓋盒，高：15.5公分（台北陽明山房藏）、（圖13）元代長尾綬帶鳥牡丹花盤，直徑：31.2公分（東京國立博物館藏），均為上乘之漆作。

尤其另一華麗品種剔紅，更走向頂峰。中國、日本和其他國外著名博物館以及各大國內外漆器藏家們，都以收藏輝映古今的張成、楊茂之剔紅漆器為首選。

元代剔紅漆器之代表作品如：（圖14）剔紅牡丹紋圓盤，張成造款，直徑：15.3公分（台北陽明山房藏）、（圖15）元代剔紅花鳥紋圓盤，張成造款，直徑：32.4公分（美國紐約大都會博物館藏）、（圖16）元代剔紅觀瀑圖八方盤，楊茂造款，（北京故宮博物院藏）、（圖17）元代剔犀如意雲紋葵形盤（私人收藏）、（圖18）元代剔犀雲紋圓蓋盒，直徑：8.4公分（台北國立故宮博物院藏）。

■ 圖15 元 剔紅花鳥紋圓盤 張成造款 D 32.4cm 美國紐約大都會博物館藏

■ 圖16 元 剔紅觀瀑圖八方盤 楊茂造款 北京故宮博物院藏

明代製漆藝術乃延續元代的風格持續發展，尤其大明永樂時期的漆器作品，落款時仍然沿用元代的針刻款式，可見一斑。

清代《嘉興縣誌》記載，明成祖永樂皇帝十分喜愛張成、楊茂之剔紅漆器，惟因兩人業已過世，故召張成之子張德剛入朝，讓他負責京城皇家御用監漆作坊，即果園廠的剔紅製作。這就是明永樂時造的剔紅漆器，為什麼十分酷似元代嘉興府西塘製品的原因。

有明一代，漆器工藝的生產有著飛躍的發展，尤其永樂、宣德時期的雕漆技藝，更取得了空前輝煌的成就。

明代初期，由於宮廷及國禮上的需求日增，皇室製漆果園廠，除由張德剛負責外，同時還匯集了全國各地的能工巧匠在北京宮廷內，辛勤鑽研，相互切磋，用

■ 圖 17 元 剔犀如意雲紋葵形盤
D 33cm 台北陽明山房 藏

■ 圖 18 元 剔犀雲紋圓蓋盒
D 8.4cm 台北國立故宮博物院藏

不同的製漆工藝和藝術風格互相
融合，終於形成了北京漆工藝的
獨特風貌。在藝術上，果園廠早
期製造的雕漆作品，特別注重磨
工，製品光潤、古樸、渾厚，是
以往的雕漆器所無法比擬的。

明代永樂的雕漆代表作品，
有台北陽明山房的剔紅纏枝多層
次菊花圓盤（圖 19），直徑：
32.5 公分，大明永樂年製款，為
存世永樂雙層盤（共 4 件）中的
唯一民間私人藏品。

■ 圖 19 明
剔紅纏枝多層次菊花圓盤
D 32.5cm
台北陽明山房 藏

明代宣德的雕漆代表作品，
如（圖 20）剔紅牡丹圓盒，大明
宣德年製款尺寸不明，為台北國
立故宮博物院藏品。

永、宣之後，嘉靖一朝，官辦
作坊又重新佔有統領地位，漆器之
風格由明早期的簡練大方、圓潤
精緻變化成纖巧華麗、繁縟細膩
的新風格。由於嘉靖帝在位時間長

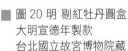

■ 圖 20 明 剔紅牡丹圓盒
大明宣德年製款
台北國立故宮博物院藏

■ 圖 21 明嘉靖 雕漆大筆
D 3.9cm×L 36cm
台北陽明山房 藏

■ 圖 22 明嘉靖 剔紅三葉造型景物盤
L 25.5cm 台北陽明山房 藏

■ 圖 23 明萬曆 剔彩雙龍紋委角長方盒
大明萬曆乙未年製款
L 30cm×W 18.2cm 北京故宮博物院藏

達四十五年，存世品極多，大都以神仙、廟宇、長壽等內容為主要題材。

明代嘉靖的雕漆代表作品有一支珍罕的大筆（圖 21），長度：36公分，應為存世最大的雕漆筆，直徑：3.9 公分，以及明代嘉靖剔紅三葉造型景物盤（圖 22），長度：25.5公分，為稀有之型器（私人收藏）。

明代萬曆的雕漆代表作品，有北京故宮博物院藏剔彩雙龍紋倭角長方盒（圖 23），大明萬曆乙未年製款，長：30 公分 × 寬：18.2 公分，華麗而貴氣。

清代雕漆繼承了明朝嘉靖、萬曆時期的風格，不善藏鋒，刀痕外露，雖有磨工，但不如明早期那般圓潤光滑。然而清代早期雕漆工藝在表現形式之豐富、雕刻之精細等方面，仍然超過了前代，大清乾隆皇帝更是結合了宮廷的造辦處、蘇州織造廠和他個人的親自指導參與，使得製漆藝術再度登上歷史的頂峰。

清代漆器因受到皇室的重視、提倡和推崇，在清宮內被廣泛使用，它已經滲透到宮廷生活的每一個領域。除了雕漆外，尚有一流的黑漆嵌螺鈿、黑漆描金、戧金填漆、百寶嵌等品種。如一只私人珍藏的清康熙瓷胎黑漆嵌螺鈿大瓶（圖24），高50.2公分，便十分引人矚目。另清康熙黑漆嵌七彩螺鈿龍紋蓋盒，長：24公分（圖25）（私人收藏）以及清雍正的黑漆描金蝙蝠紋宮廷用炕桌（圖26），長：128公分，寬：98公分，高：39公分，也十分精采、罕見（私人收藏）。

清乾隆年間，養心殿造辦處仍設有漆作，負責製作皇家使用的各種漆器用品，唯有御用雕漆器都是交由蘇州織造廠製作，其器形、花紋、落款方式等，一概都聽從造辦處的指示，且再大多數情況下都是乾隆皇帝親自提出設計要求、尺寸大小，更需製作精美，因此充份體現了有清一代皇家的藝術風格及審美情趣。

■ 圖24 清康熙
瓷胎黑漆嵌螺鈿大瓶
H 50.2cm
台北陽明山房 藏

■ 圖25 清康熙
黑漆嵌七彩螺鈿龍紋蓋盒
L 24cm 台北陽明山房 藏

■ 圖26 清雍正
黑漆描金蝙蝠紋炕桌
L 128cm×W 98cm×H 39cm
台北陽明山房 藏

清代乾隆的雕漆代表作品如：清乾隆剔綠御製罕見墨綠色海濤八怪圖蓋盒（圖27），直徑：20公分（私人收藏）、清乾隆彩漆描金雲龍紋看盒一對（圖28），長：53.5公分，寬：23.5公分，高：24.8公分、乾隆剔紅八仙過海團花大蓋盒（圖29），直徑：49.5公分（私人收藏）、乾隆紫檀黃漆地嵌百寶案屏（圖30）（清宮舊藏），高：63公分，寬：66公分。

整體而言，中國的漆器藝術作品，歷經兩漢、唐、宋、元、明、清各朝，經由皇帝、王公、士大夫、文人雅士至現代世界各大博物館及藝術愛好者的喜愛與收藏，它已經是中華民族獨步全球的皇家藝術收藏精品，值得有識之士共同努力，積極地研究並傳揚我們傲世的文化資產！

■ 圖27 清乾隆 剔綠墨綠色海濤八怪圖蓋盒 D 20cm 台北陽明山房 藏

■ 圖28 清乾隆 彩漆描金雲龍紋看盒一對
L 53.5 cm×D 23.5 cm×H 24.8 cm
台北陽明山房 藏

■ 圖29 清乾隆
剔紅八仙過海團花大蓋盒
D 49.5cm 台北陽明山房 藏

■ 圖30 乾隆
紫檀黃漆地嵌百寶案屏
清宮舊藏
H 63cm×L 66cm×W 23cm
台北陽明山房 藏

《系列報導 -11》

淺談漆器收藏 - 潘勝正專訪 - 非池中藝術網

撰文者：陳泓齊

台灣飲料設備、包裝產業龍頭—乙農集團的總裁 潘勝正，一位鑑賞與競拍功力兼具的藏家，近年在各大拍場也都能看到他的身影。潘勝正先生對中國古董有很高的收藏實力，而對漆器的收藏，始於08，09年間，在清華大學美院進修「藝術品經營管理」，開始了對於漆器的熱愛，至今收藏的漆器，數量約300件。

何為漆器？

漆器為一種用生漆髹塗在素胎表面上，作為保護膜的器具，在中國文化中使用頻繁，就出土實物來看，浙江余姚河姆渡文化遺址中出土的朱漆木碗，至少可將中國漆器的源頭追溯到七千年前。因為器皿貴重，多為皇親貴族使用，因此在古董收藏上，有較高的價值，當然也較不易購藏，且由於漆器在材質上，不似青銅器、瓷器那樣更為堅固而且耐保存，能夠流傳至今並被收藏家們寶藏的，主要是宋元、明清時期的漆器。

且因為使用者的身份較為高貴，在器皿上的文化意涵及底蘊，相較於其他用器都顯得更為莊重，尊榮且不失優雅，這些都成為當今藏家愛好收藏漆器的原因之一。

■元 剔紅石榴紋盤 張成造 款
直徑 15.3cm

收藏家的市場眼光

除了在古代為王親貴族使用，對於為何中國漆器值得收藏，潘勝正更有過人見解。中國的漆器已經有 7 千年的歷史，能夠用天然大漆作漆器，且技藝卓絕的世界無任何國家可與中國爭長短。此外，在明代以後，由朝廷直接管轄的漆器作坊，嚴格掌控下，所作出的漆器，為氣質深沉內斂、高貴典雅、技藝雙絕的曠世佳品。且漆器是用天然生漆為料，可防腐蝕、防滲透，可以收藏數千年而保存著，大都原來收藏於北京宮中，

由於北京氣候乾燥，漆器久了多出現自然的斷裂紋，由於此一特性，仿作不易。

「收藏不僅僅是購入，文化涵養對於收藏的長遠發展更顯重要」

對於漆器背後的文化意涵了解深刻，從潘勝正先生對於收藏品項的熟稔就能略知一二。以漆器中最為常見的圓形漆盤，很多人難以分辨其年代始末，但對於熟知漆器脈絡的潘勝正來說，元明兩代在雕飾風格上，就有著顯著的不同。「相較於元代的疏朗有緻，明代的漆盤更為重視層次的堆疊，花卉滿佈，緊密而有層次感。」

此外，潘總裁透露，他藏品中的清早期金絲紫檀明式骨董床，價格已是 30 幾年前買入的數十倍！而近來入手的乾隆「春壽寶盒」，十分珍貴稀有。每一樣的骨董的購入，都不是輕易、衝動買

下，而是經過縝密的分析。

談起與藝術結緣，潘勝正笑言是出於偶然。因佈置新屋的緣故，設計師建議以藝術品補空間的留白，機緣湊巧認識了畫家楊興生，藉由他的幫助，購入張杰、顧重光、楊興生等大師的畫作。自此，潘勝正感受到生活添加藝術之後，心靈的滿足和眼界的開闊，便投身藝品收藏的世界。

就如開創乙農的過程，一旦決定目標便積極學習，潘勝正立刻請專家教學判別骨董的基本知識，也找到台北故宮的劉良佑先生學習瓷器的相關知識，甚至去北京清華大學取得骨董評估師執照！期間結識許多骨董商。對於自己的認真，潘勝正語重心長地總結：「有些人以貪便宜的心態買骨董，買了一屋真品卻沒幾件，所以一定要先學會辨識骨董。」

不單是中國美術領域，因認為從事收藏，美學修養、骨董知識很重要，潘勝正也常去上典藏藝術雜誌和歷史博物館等主辦的講座，增進對東、西方藝術的認識。出國拜訪廠商時，往往會騰出時間參觀美術館、博物館、畫廊、骨董店。藉由和經營者、其他參觀者聊天，了解市場行情、國際行情，同時留下名片，告知收藏方向，容易獲得即時、準確的資訊。此外，大型拍賣商如：蘇富比、佳士得、邦瀚斯、日本美協等，潘勝正都有 VIP 紀錄，這些業者都會通知拍賣預展，並寄送最新的圖錄。說到此，潘勝正立刻提到浙江博物館新近收到一批捐贈的漆器，顯見他收集資訊的認真和精確。

潘勝正先生對於漆器的歷史淵源也下足功夫，除了對於外觀裝飾的認識，以及背後文化涵養的瞭解，對於古董的市場價值，有著獨到眼光。對於一個資深藏家來說，能在仿製古董盛行的今天，在收藏界享有盛譽，都足以證明潘勝正的眼識過人。

《系列報導 -12》

由北京故宮博物院之故宮出版社出版其「巧法造化 - 陽明山房藏宋元明清漆器」書之自序文

《文 潘勝正 / 陽明山房》

我從小就對於文學、藝術、歷史具有極大的興趣，在讀完省立成功高中時，即以第一志願被保送進入政治大學攻讀西洋語文學系，以增強對中國文學藝術以外的西方文化藝術的學習。1973 年我在裝潢我的新家時，即找來當時在台灣頗負盛名的西畫大師楊興生先生負責牆面設計，除了他自己的幾幅西畫作品外，也放入了張大千、溥心畬、黃君壁、張杰、顧重光等大師的作品，立覺蓬壁生輝。同時，我開始購買紫檀、黃花梨、柞榛木、酸枝木製的傢俱和屏風，並融入家居使用，感覺有古色古香的韻味，使我自得其樂。從此之後，我發現書畫、古物可以提升生活品位，更增加了我對它們的喜好，所以在週末假日及閒暇之時，以逛書店、博物館、美術館、藝廊、畫廊和古董店為愛好。既可增長見識、提高鑒賞能力，更有機會達到尋寶的樂趣，一舉兩得。

有一次我在台北市東區鄭先生的古董店中，看到一件小巧可愛的雕紅漆圓盒，底落 " 大明萬曆年製 " 款，但我認為它是標準的 " 大明永樂年製 " 牡丹花卉紋盒。以萬曆的價格，買到永樂的器物，真不亦快哉。此後，又陸續從他店裡買了不少件好漆器。不久之後，他告

訴我日本大阪的一位古董商有幾件
漆器很不錯，我便決定和他一起去
大阪拜訪此古董商，看貨並議定了
此書中的剔紅攜琴訪友圖海棠式盤
和剔高士圖委角方盤。雙方談成
後，心情非常愉悦，古董店老闆忽
然提起他昨天在大阪美術學會拍回
一件明嘉靖年制的剔紅賀壽圖毛
筆，在我們極力説服下，他才勉強
同意讓給我，我便得以入藏此件極
為珍罕的剔紅毛筆。

■ 明 剔紅攜琴訪友圖海棠式盤
　台北陽明山房 藏

多年前，我從德國納高拍賣行
拍得一件大明永樂年製款的剔紅雙
層雕纏枝菊花紋盤，據張榮老師
研究，目前可見的雙層剔紅大盤僅
有四件，現存故宮博物院兩件，一
為牡丹紋，一為茶花紋；香港藝術
博物館一件，為剔紅雙層雕牡丹紋
盤，以及我收藏的菊花紋盤。雙層
菊花紋盤為私人收藏的唯一一件。

■ 明 剔高士圖委角方盤
　台北陽明山房 藏

此類多層盤每件需要耗時二
至三年才可大功告成，極為難能可
貴。自此之後，我對漆器、琺瑯

器及料器的收藏，更為積極，努力
由蘇富比、佳士得、邦漢斯等各大
拍賣行，世界各大古玩展銷會，世

■ 剔紅賀壽圖毛筆
台北陽明山房 藏

■ 剔紅暗八仙三層寶奩套盒
台北陽明山房 藏

界各大古玩商等處購買藏品，數年堅持下來，已有幾百件。

在此學習和收藏期間，除了接受來自師長的指導、同學間的砥礪，各大拍賣行的專業知識淵博、實戰經驗豐富的專家們的不吝賜教，更令我感銘五內。

為了增強我對古董藝術品的欣賞和辨識能力，2008 年我參加了北京清華大學舉辦的《藝術品經營管理》課程，於 2009 年 8 月取得了中國「職業藝術品經紀人」證書。 在此學習期間，故宮博物院古器物部主任張榮教授惠我最多。 她專精於歷代皇帝們最喜愛的漆器、琺瑯器、料器三大類，此三類器物的共同特色為皇家御用、工藝水準高、製作週期長、存世量不多等。 因此堅定了我繼續此三類器物的收藏。 此外，為了提高對器物的專業知識，除了參與課程，我亦實地到安徽蚌埠觀摩銅器及玉器如何仿古，到江西景德鎮

古瓷器研究所觀摩古瓷，參觀古禦窯廠的舊瓷片和新瓷器、仿古器的製作之外，還向劉新園所長學習和請教。之後，我和內人更是多次參加香港佳士得的文物研習課程，並於 2015～2016 年再度到清華大學美術學院參加《藝術經營管理》的碩士班課程；2018～2019 年參加紐約蘇富比藝術學院、倫敦蘇富比藝術學院及美國加州克拉克大學藝術學院、蘇富比藝術學院合辦的藝術課程的學習，並於 2019 年 3 月獲得美國紐約蘇富比藝術學院的藝術碩士學位。同時，為了能觀摩、瞭解世界範圍內其他博物館有關的中國文物的收藏，我和內人及其他四位同好由張榮老師帶領，於 2018 年 11 月一起飛往英國，深入探索中國藝術品。我們參觀了倫敦大英博物館、維多利亞及艾爾伯特博物館、牛津阿什莫林博物館、劍橋菲茲威廉博物館、巴斯東方博物館及布裡斯托博物館，並深入博物館庫房上手學習漆器、琺瑯器及料器。當時正值倫敦亞洲藝術周，我們亦前往蘇富比、佳士得、邦漢斯等拍賣行以及參訪著名的古董商，獲益良多。

《巧法造化—陽明山房藏宋元明清漆器》圖錄已經出版，並將繼續出版《陽明山房藏琺瑯器》，皆由張榮老師主編及精心指導，真感榮幸之至，在此再度向她深表十二萬分感激。

■ 台北陽明山房主人 潘勝正夫婦
　寫於 2020 年春節

《系列報導 -13》

北京故宮出版社出版陽明山房漆器圖典推薦序 -- 張榮（北京故宮博物院 前古器物部主任，世界最知名的漆器、琺瑯器專家）

宋元明清漆器述略
一兼談陽明山房藏漆器

漆器是中國古代先民的偉大發明之一，早在距今 8000 年前的浙江蕭山跨湖橋遺址，聰穎智慧的先民就已利用天然大漆製作出完整的漆弓[1]。經過幾千年的發展、豐富與完善，漆器從原始的單一品種演變成彩繪、填漆、描金、晶元金、鑲嵌、雕漆等百余品種，而且在各個歷史階段形成不同的重點漆器品種，如戰國的彩繪漆器、漢代的金銀釦漆器、唐代的螺鈿平脫漆器、宋元的戧金漆器、明清的雕漆等。

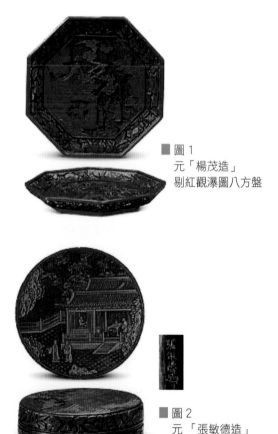

■ 圖 1
元「楊茂造」
剔紅觀瀑圖八方盤

■ 圖 2
元「張敏德造」
剔紅賞花圖盒

素雅唯美的宋代漆器

考古發掘與傳世漆器實物表明，宋代漆器的主要品種有光素漆、描金漆、晶元金漆、螺鈿漆和雕漆。光素漆器是宋代的主要漆器品種，具有出土數量多、分佈地域廣、用途範圍大、製作地點多等鮮明特徵。宋代的光素漆器以黑色為主，兼有紅色、褐色、赭色和黃色。器形有盤、碗、碟、盒、缽、罐、勺、盆、渣斗等飲食用具，盞托等茶具，奩、粉盒、梳子等梳妝用具，筆筒、鎮紙、畫軸等文具。花瓣形碗、盤以及各種形製的盒是宋代最流行的器形。江蘇淮安、無錫，湖北武漢十里鋪等地均有出土，多在盤底或盤邊署款，如＂丁卯溫州開元寺東黃上牢＂＂辛亥歙州鐘家直上牢＂＂己醜襄州邢家造真上口（牢）＂等，款識中說明瞭漆器製作時間、地點和製作人，並出現宣傳自家漆器「上牢」的廣告語[2]。考古發掘顯示，江蘇武進、福建福州、浙江溫州、山西等地均有雕漆出土，以剔犀為主，兼有剔紅殘片[3]。出土的剔犀雲紋把鏡、八方盒、長方盒等是研究宋代雕漆的第一手重要資料，陽明山房藏黑漆葵瓣式盤和剔黑秋葵紋盤都具有宋代漆器遺韻。

名家輩出的元代漆器

據文獻記載，元代漆器有 11 個品種，但從目前考古發掘和傳世品觀察，元代漆器主要有 4 個品種，即光素漆、螺鈿漆、戧金漆和雕漆。其中的雕漆已發展到非常完美的階段，浙江嘉興湧現出張成、楊茂（圖 1）、張敏德（圖 2）等雕漆大師，形成名家輩出的局面。元代的螺鈿漆器已由鑲嵌厚螺鈿升級為鑲嵌五光十色的薄螺鈿，其高超的製作工藝令人仰止。

元代雕漆有剔紅、剔黑、剔犀 3 個品種，其中以剔紅最多。器形有圓盒、長方盒、圓盤、八方盤、葵瓣盤等，裝飾圖案有花卉、花鳥、山水人物。元代雕漆常用的花卉有牡丹、山茶、

芙蓉、秋葵、梅花、石榴、梔子花、菊花等，花鳥題材有綬帶牡丹、綬帶山茶、鷺鷥芙蓉、雙鶴菊花等。山水人物題材的作品，以表現閒居文人士大夫形象為主，如東籬採菊、拄杖觀瀑、閒情賞花、蓮塘觀景等。陽明山房藏剔紅石榴紋盤，構圖舒朗，雕刻流暢，具有元代楊茂雕漆風格。以石榴花為主題花卉的雕漆作品此為首見。

鑲嵌在漆器上的螺 有厚與薄之分，"厚螺鈿"又稱"硬螺鈿"，"薄螺鈿"又稱"軟螺鈿"，由此形成了螺鈿漆器的兩大系列。元代以前的漆器以鑲嵌厚螺鈿為主，從元代開始，厚、薄螺鈿兼而有之。 北京元大都後英房遺址中出土的嵌螺鈿廣寒宮殘片，是國內唯一一件出土的元代螺鈿漆器[4]。殘片部分鑲嵌一座兩層樓閣，樓閣旁植梧桐樹和桂花樹，閣上雲氣繚繞。廣寒宮所鑲嵌螺鈿均為細小的螺鈿片，並刻劃細部紋飾，呈現出紅、藍、綠、紫的美麗光澤。這正是元代螺鈿漆器的魅力所在，其製作工藝難度之大、畫面之精美，令人稱絕。

千文萬華的明代漆器

明代皇帝十分重視漆器的製作，建立了御前作、內官監和御用監等內府衙門。據清初高士奇《金鰲退食筆記》記載，明初製作漆器的官辦作坊名為果園廠。

明代漆器的品種，在宋元漆器的基礎上得到了突飛猛進的發展，成書於隆慶年間的《髹飾錄》將漆器分為 14 大類，101 個品種[5]。明代漆器製作數量最多的是雕漆，其次是戧金漆、戧金彩漆、描金漆、填漆、螺鈿漆、百寶嵌、款彩漆等。 明代官辦作坊漆器，比較準確的年款有永樂、宣德、嘉靖、隆慶、萬曆、天啟和崇禎。

《明太宗實錄》卷二十四中記載永樂元年（1403 年）、四年（1406 年）和五年（1407 年）共贈送日本國 203 件漆器作為禮物[6]。

傳世的永樂雕漆以盤、盒為

主，兼有蓋碗、盞托、尊、瓶、桌、几、踏凳等。永樂漆盤一般有兩種形式，即圓形和葵瓣形（或菱花形），前者以裝飾花卉為主；後者以山水人物為主。盒亦有兩種，即"蔗段式"和"蒸餅式"，前者以裝飾花卉、人物故事為主；後者以裝飾花卉為主。署款方式為"大明永樂年制"針劃款。陽明山房藏大明永樂年製款剔紅雙層雕刻纏枝菊花紋盤，是永樂朝雕漆標準器，也是雙層雕刻漆器的精品。雙層雕漆最早的傳世品見於元代，明永樂朝傳世品僅見四件，故宮博物院兩件，香港藝術館一件。故宮的兩件分別雕刻牡丹花和茶花（圖3、圖4），香港藝術館藏品則雕刻牡丹花。雙層雕漆不僅費工費料，對工匠的雕刻能力也要求甚高，故永樂之後再無雙層雕漆。

明代宣德以後，官辦漆器作坊出現了停頓狀態，其原因尚需研究。經過明中期八十餘年的緩慢發展，到明世宗嘉靖時，官辦作坊繼

■ 圖 3
明永樂剔紅雙層牡丹紋盤

■ 圖 4
明永樂剔紅雙層茶花紋盤

續大量製作漆器。 這時的漆器風格經過近百年變化，從明早期簡潔明快、圓潤精致的風格演變為崇尚纖巧華麗、繁縟細膩的新時尚。

嘉靖漆器出現了許多新的器形，如瓜棱壺、八方鬥、春字盒、

把鏡等，盤有六瓣式、梅花式、銀錠式、茨菇式、荷葉式、菊瓣式，盒有缽式、銀錠式、方勝式、梅花式等。由於明世宗嘉靖帝篤信道教，故嘉靖漆器的裝飾圖案，以長生不老、萬壽升仙為主題，如五老祝壽圖、群仙祝壽圖以及松、竹、梅纏繞組成＂福、祿、壽＂等。嘉靖雕漆的款識為刀刻填金楷書款，款識的位置均在器物底部正中，豎刻＂大明嘉靖年制＂六字。陽明山房藏家非常幸運，擁有兩件嘉靖朝漆器標準器，一件是剔紅仙山瑞鹿圖盒，一件是剔紅龍紋八方式盒。裝飾題材都是與長壽相關的飛鶴、壽字、靈芝和瑞鹿等，寓意富貴長壽，可謂用心良苦、匠心獨具。前者故宮博物院有收藏，後者上海博物館有收藏。

明代隆慶朝僅 6 年。根據已發表的資料統計，流傳於世的「隆慶款」漆器只有 10 件，分別收藏在台北故宮博物院、大英博物館、英國伯明罕巴伯美術博物館、日本東京國立博物館、日本東方漆藝研究所、瑞典斯德哥爾摩遠東博物館[7]。陽明山房所藏大明隆慶年制款剔紅龍紋盤，即是傳世「隆慶款」十件漆器之一。龍紋盤的上一個藏家是香港抱一齋主人，也是漆器藏家。

萬曆朝漆器品種有剔紅、剔彩、剔黃、戧金彩漆、描金、描金彩漆等。萬曆漆器在造型、圖案、款識等方面形成了有別於其他朝代的風格與特點。在器物造型方面，出現了長方委角盒這一新的器形；在圖案裝飾方面，嘉靖皇帝追求長壽升仙的題材不再流行，取而代之的是龍鳳、祥雲、海水江崖為主的吉祥圖案；在款識處理方面，更是獨具特色。萬曆款有兩種表現形式，少數漆器刻＂大明萬曆年制＂，多數漆器款識中加干支紀年，款識的位置一般在器物外底的正上方，如＂大明萬曆壬辰年制＂。據不完全統計，萬曆漆器中帶有干支紀年款的共有 17 種之多[8]。

登峰造極的清代漆器

工藝美術的發展，從一個方面反映出社會政治、經濟和文化的變化。清代漆器是對幾千年漆器傳統工藝的繼承與發展。明代黃成《髹飾錄》中涉及的漆器品種，在清代已基本具備，而且書中沒有涉及的漆器品種，如多種漆工藝的運用與結合，在清代也得到了全面的發展。漆器製作得到了皇家的重視和提倡，形成了以造辦處為主的宮廷漆器製作中心和地方漆器生產同時並存、共同發展、互相影響、互相借鑒的局面。宮廷造辦處集中了全國各地的優秀制漆藝人為皇家服務，而地方製作的具有濃厚地方特色的漆器也以進貢的形式進入宮廷，這極大地方便了漆器工藝的相互促進和提高。清代漆器的製作和使用涉及到生活中的方方面面，尤以宮廷漆器最為突出，大至宮廷典章品、陳設品，小到生活日用品、文房用品和賞玩用品，無不有以漆器製作的，漆器的使用範圍已經擴大到了清代宮廷生活的各個方面。

清代是中國古代漆器發展的黃金時代，無論從工藝、品類、造型等哪方面檢視，都可以說是進入了漆器發展的巔峰。清代漆器的全面繁榮和發展，一方面是因為漆器經過從戰國以來的不斷豐富和完善，在工藝方面有了全面的提升，以往積累的漆器製作的豐富經驗，為清代漆器再上一個新台階奠定了堅實的基礎，另一方面是清代乾隆以前的社會穩定和經濟、文化的發達，在工藝美術方面整體水準的提高，對漆器的生產有著極大的促進作用。 此外，還有一個不可忽視的原因，那就是宮廷造辦處的建立和清代帝王對漆器製作的重視。

清代皇帝大多親自督造宮廷所用器物的生產製作，僅以雍正皇帝為例予以說明。 據檔案記載，雍正皇帝"秉性不喜華糜"崇儉而不奢。日夜憂勤，毫無土木聲色之娛"。但卻對各類器物的製作，當

然也包括漆器的製作非常關心，幾近癡迷，其所作所為，不像是一個皇帝，而更像是一個總監。清代康雍乾時期的漆器，在明朝發展的基礎之上，穩步提高。康熙朝漆器品種有螺鈿漆、戧金彩漆、描金漆和填漆。雍正朝漆器有戧金彩漆、描金漆、描漆等。代表性作品有紅漆地描彩漆雲龍雙連盤、花鳥圭式盤、雲龍紋橢圓菊瓣盤等。陽明山房收藏的黑漆描金皮球花紋博古架等漆器，雖無款識，從構圖、工藝判斷具有雍正朝風格。

乾隆朝漆器品種有素漆、描彩漆、描金漆、描油、描金彩漆、戧金彩漆、填漆、識文描金銀、螺鈿漆、百寶嵌、雕漆等。陽明山房收藏多件乾隆朝標準器，如黑地彩漆描金雲龍紋看盒、剔紅暗八仙三層寶鼎套盒、黑地剔紅十八羅漢圖筆筒和剔紅仿古龍鳳紋壺式盒等，其中黑地彩漆描金雲龍紋看盒與故宮博物院收藏剔紅飛龍宴盒（圖5）如出一轍。據《造辦處各作成做活計清檔》記載，"乾隆八年十一月二十七日，七品首領薩木哈、副催總達子來說，太監胡世杰交紅雕漆龍聖盒一件，彩漆長方看盒一件，內盛銀琺瑯盅十件。紅漆金龍大圓盒一件，紅漆金龍小圓盒一件。傳旨：將彩漆看盒一件照雕漆龍聖盒花樣做看盒一對，其看盒內銀琺瑯盅十件著交鄧八格照樣燒造掐絲琺瑯盅二十件，盅上萬壽無疆四字仍留鍍金。先畫樣呈覽，準時再燒造。再紅漆金龍大圓盒照雕漆龍聖盒花樣做十二對，紅漆金龍小圓盒亦照龍聖雕漆盒花樣做二對，大小盒俱按裡口一樣，盒底長刻大清乾隆年制，方刻飛龍宴盒，俱各先畫樣呈覽，準時發與南邊雕做，欽此。于九年正月初三日司庫白世秀、七品首領薩木哈將畫得大小捧盒紙樣二張、看盒紙樣一張持進交太監胡世杰、張玉呈覽，奉旨：將看盒上兩大面做乾坤如意字樣，兩小面做福祿長春字樣。其餘俱准做，著交安寧、圖拉做上等雕漆，趕年底要得。欽此。於乾隆九年五

月初一日催總鄧八格將燒造得掐絲琺瑯萬壽無疆盅子二十件並原樣交太監胡世杰呈進訖。 於乾隆十一年十月二十日司庫白世秀、七品首領薩木哈將圖拉做得紅雕漆飛龍盒一對持進交太監胡世杰呈進訖[9]。這段文字記錄的所謂「彩漆看盒」很有可能就是陽明山房收藏的黑地彩漆描金雲龍紋看盒。同樣的看盒，故宮博物院也有收藏。

張榮在清華大學工藝美術學院授課時結識了陽明山房藏家，藏家夫婦對古代藝術品傾注了極大的熱情和精力，不僅從台北飛到北京上課，還到世界各地博物館、拍賣行看展覽，年愈七十仍似少年，永遠在學習的路上。蒼天不負有心人，十幾年下來，碩果累累，陽明山房收藏的漆器有很多標準器，能夠結集出版，可喜可賀。

張榮

2019 年冬月終稿於紫禁城壽安宮

■ 圖 5 清乾隆剔紅飛龍宴盒

[1] 浙江蕭山跨湖橋博物館藏品。

[2] 張榮：《古代漆器》，文物出版社，2005 年。

[3] 溫州博物館藏品。

[4] 《中國漆器全集》4 第四卷 三國－元，圖 166，福建美術出版 1998 年。[5] 王世襄：《髹飾錄解説》，文物出版社，1983 年。

[6] 李經澤、胡世昌：《洪武剔紅漆器初探》，《故宮文物月刊》第 220 期

[7] 中國文化研究所編：《疊彩一抱一齋藏中國漆器》，香港中文大學文物館，2010 年。

[8] 張榮：《古代漆器》，文物出版社，2005 年。

[9] 中國第一歷史檔案館香港中文大學：《內務府造辦處檔案匯編》，第 11 冊，745 頁，2005 年，人民出版社。

巧法造化

談陽明山房藏漆器緣起及來源探析

文｜潘勝正（臺北陽明山房主人）　圖｜陽明山房

我從小就對於文學、藝術、歷史具有極大的興趣。1973年在裝潢新家時，找來當時在臺灣頗負盛名的西畫大師楊興生先生負責牆面書畫布置，他掛置了張大千、溥心畬、黃君璧、歐豪年、顧重光及他本人等大師作品，立覺蓬蓽生輝。室內我開始買些由大陸進口的古董紫檀、黃花梨、酸枝木製作的家具和屏風，融入家居使用，感覺有古色古香的韻味，使我樂在其中。

一次在臺北市東區鄭先生的古董店中，看到一件小巧可愛的剔紅漆圓盒，底落「大明萬曆年製」款，但我認為它是標準的大明永樂年製的牡丹花卉紋盒。以萬曆的價格，買到永樂的器物，真不亦快哉。此後，又陸續從他店裡購藏不少件好漆器。有一天，他告訴我日本大阪的一位古董商有幾件漆器佳品，我便和他一同前往大阪拜訪此古董商，看貨並議定了明中期〈剔紅攜琴訪友圖海棠式盤〉和明中期〈剔紅高士圖委角方盤〉。談成後，心情非常愉悅，古董商老闆忽提及昨日在大阪美術商協同組合拍回一件明嘉靖

年製〈剔紅賀壽圖毛筆〉。在我們極力說服下，他才勉強同意讓藏，我便得以入藏此件極為稀罕的剔紅特大毛筆。它長36公分，直徑3.9公分，張榮老師稱之為「剔紅賀壽大筆王」，迄今未曾出現如此巨大的賀壽毛筆，她還曾勸我把它捐給北京故宮博物院呢！

圖1　明永樂〈剔紅雙層纏枝菊花紋盤〉，「大明永樂年製」款，直徑32.5公分。據張榮老師稱，目前傳世的大明永樂的雙層剔紅大盤僅有四件。

圖2　元〈剔紅石榴花紋盤〉，
「張成造」款，直徑15.3公分。

圖3　明嘉靖〈剔紅仙山瑞鹿圖盒〉，
「大明嘉靖年製」款，直徑26.5公分。

多年前，我從德國拍賣行拍得一件大明永樂年製款的〈剔紅雙層纏枝菊花紋盤〉（圖1）。據張榮老師稱，目前傳世的大明永樂的雙層剔紅大盤僅有四件，每件皆為圓形，直徑皆為32.5公分，現藏北京故宮博物院兩件，一為牡丹花紋，一為茶花紋；香港藝術館收藏一件，為剔紅雙層雕牡丹紋盤，以及我的陽明山房收藏的雙層菊花紋盤。此剔紅雙層盤為私人收藏唯一的一件。此種多層盤每件需要耗時二至三年才可大功告成，極為難得可貴。此後，我對皇家藝術精品的漆器、琺瑯器及料器的收藏，更為積極，努力由蘇富比、佳士得、邦瀚斯、保利、嘉德、中貿聖佳、日本美協、東京中央等各大拍賣行、世界各大古玩展銷會、世界各大古玩商等處購藏，10數年堅持下來，已藏有幾百件漆器。

珍藏的漆器，由北京故宮博物院首席漆器專家張榮主編，北京故宮出版社出版為《巧法造化—陽明山房藏宋元明清漆器》，其中來源特別的有：宋〈黑漆葵瓣式盤〉和17世紀〈黑漆嵌螺鈿桃源仙境圖几〉為日本漆器大藏家不言堂坂本五郎舊藏。元〈剔紅石榴花紋盤〉（圖2）構圖舒朗，雕刻流暢，具有元代楊茂雕漆風格，以石榴花為主題花卉的雕漆此為首見！原藏家為聞名的仇焱之先生。元〈剔紅芙蓉雙雀紋盤〉為日本德川家族舊藏。明永樂〈剔紅雙層纏枝菊花紋盤〉為德國派駐蘇俄聖彼得堡外交官 N.von der Brueggen 的藏品，後於法蘭克福 Bagel 拍賣行於1909年售出。明永樂〈剔紅牡丹紋盒〉為日本大茶商佐田家族藏。明永樂〈剔紅牡丹紋蔗段式盒〉為美國 Pauline Baerwald Falk 舊藏。明嘉靖〈剔紅仙山瑞鹿圖盒〉（圖3）為清宮舊藏，現在北京故宮博物院仍藏有另外一件，其紋飾、尺寸、圖案布局與本品一致，應本為一對。明嘉靖〈剔紅龍紋八方式盒〉為歐文仉儷（The Irving Collection）藏，它和上海博物館所現藏的一件一模一樣，兩者本應為一對。明嘉靖〈剔紅雲龍紋碗〉為 Klaus F. Naumann 舊藏，後由歐文仉儷所藏。明嘉靖〈剔紅群仙祝壽圖八方几〉為日本萬野美術館舊藏；明隆慶〈剔紅龍紋盤〉，為存世10件隆慶漆器中的一件上等精品，又以代表皇帝的大龍紋為主飾，更是難得，是香港李經澤的抱一齋舊藏。明嘉靖〈剔紅賀壽圖毛筆〉為大阪美術商協同組合，2008年經大阪HATA古美術取得，筆桿長36公分，直徑3.6公分，筆帽直徑3.9公分，張榮老師定名「筆王」；元／明初〈剔紅納涼圖葵瓣式盒〉為日本高橋家族舊藏。

226

圖4　清乾隆〈黑地彩
漆描金雲龍紋看盒〉
一對，長53.5公分。

清康熙〈黑漆描金仙山樓閣圖頂箱大櫃〉一對為法國銀行家 M. et Mme de Lenclos收藏。清雍正〈黑漆描金皮球花紋博古架〉，原為日本德川達道伯爵家族藏。清雍正〈御製黑漆描金纏枝花卉蝙蝠紋炕桌〉，義大利藏家舊藏。清乾隆〈剔紅菊瓣式盒〉一對，清宮舊藏，乾隆御製詩中稱此類器形攢英如菊秀，讚譽有加。清乾隆〈剔紅暗八仙三層寶奩套盒〉為清宮舊藏，此盒頂部五件小盒正面所作暗八仙圖案目前所見僅此一例！其餘皆為落花流水紋，如臺北故宮博物院藏有二件尺寸略小的，北京故宮博物院藏有一件，英國倫敦白金漢宮藏有一件，佳士得、蘇富比兩大拍賣行近年拍出的三件，全部都如此，可見本件級別最高！清乾隆〈剔紅仿古龍鳳紋壺式盒〉為清宮廷造辦處作器，和北京故宮博物院今存一剔紅仿銅壺式盒皆為清宮舊藏，其器型紋飾與本品相同，唯有底座不同。此套盒尺寸頗大，構件複雜，其剔紅紋飾上下銜接全無破綻，所用工時不可計數，實為不可多得的剔紅巨作。清乾隆〈剔紅龍紋寶盒〉為乾隆宮廷造辦處製作，具「大清乾隆年製」及「龍紋寶盒」楷書款，此盒刀工鋒利，邊緣打磨、雕刻更富層次且出現了更具立體感的卷雲或海水地紋，使畫面充滿動感，真乃寶盒中上乘之作。清乾隆〈黑地剔紅羅漢圖筆筒〉為清宮造辦處製作，清宮舊藏，現北京故宮博物院也藏有一件類似品。清乾隆〈御製剔彩庭園雅集圓盒〉為清宮御製，盒邊上下分成6段，每段內以兩螭龍為飾，周以繩紋，工藝精湛且具仿古銅器意味，充分表現乾隆嗜古之品味，北京故宮博物院也仍藏有一件類似品。清乾隆〈剔彩鼎式爐及燭臺〉一對為宮廷造辦處所製，三件皆各別銘文「大清乾隆年製」，為皇宮內廷禮佛之

圖5　宋／元〈剔黑秋葵紋盤〉，直徑19.8公分。

圖6　元〈剔紅雙螭靈芝橢圓盤〉，寬21.3公分。

用，北京故宮博物院和臺北故宮博物院皆藏有類似作品，但唯獨此套之爐有蓋，更是完美。清乾隆〈百寶嵌玉堂富貴插屏〉為典型的乾隆宮廷御用家具，富麗堂皇，做工繁複，由多種工藝完成，反映出乾隆追求華麗的審美情趣。此件插屏的絳環板上，嵌有銅製英文題詞，述明英國大法官 John Bayley 爵士，於1853年用作紀念1842年中英鴉片戰爭在鎮江戰役中任指揮官的 Salton 勛爵之用，極具歷史意義。清乾隆〈黑地彩漆描金雲龍紋看盒〉（圖4）為乾隆下旨作成的彩漆精品一對，和現藏於北京故宮博物院的清乾隆〈剔紅飛龍宴盒〉如出一轍，應是清宮檔案所記載的「彩漆看盒」，其珍貴性絕非一般。清乾隆〈剔彩蝙蝠花鳥紋長方匣〉為清宮舊藏，此類型式漆匣極為稀有，1982年為巴黎極負盛名的「盧芹齋」所收藏。清乾隆〈剔綠海水瑞獸橢圓形盒〉為清宮官造器，剔綠漆器極為難得，北京故宮博物院現也僅藏有一件清中期〈剔綠加彩「張果老渡海圖桃式盒」〉，其珍稀性不言可喻也。

在學習和收藏期間，除接受師長的指導、同學的切磋，各大拍賣行的專業知識淵博、實戰經驗豐富的專家們的不吝賜教，更令我銘感五內。為了增強對古董藝術品的鑑賞能力，2008年我參加了北京清華大學舉辦的「藝術品經營管理」課程，於2009年8月取得了「職業藝術品經紀人」證書。學習期間，北京故宮博物院古器物部主任張榮教授惠我最多，她專精於歷代皇帝們最喜愛的漆器、琺瑯器、料器三大類，此三類器物的共同特色為皇家御用，工藝水準高，製作週期長，存世量不多等。因此堅定了我繼續此三類器物的收藏。此後，我和內人更是多次參加香港佳士得的文物研習課程，並於2015至2016年再度到清華大學美術學院參加「藝術經營管理」的碩士班課程，2018至2019年參加紐約蘇富比藝術學院、倫敦蘇富比藝術學院及美國加州克拉克大學藝術學院、蘇富比藝術學院合辦的藝術課程的學習，並於2019年

圖8 《巧法造化─陽明山房藏宋元明清漆器》。

3月獲得美國紐約蘇富比藝術學院的藝術碩士學位。同時，為了能觀摩、瞭解世界其他博物館有關的中國文物收藏，由張榮老師帶領我和內人及其他四位同好於2018年11月一起飛往英國，深入探索中國藝術品。我們參觀了倫敦大英博物館、維多利亞及艾爾伯特博物館、牛津阿什莫林博物館、劍橋菲茨威廉博物館、巴斯東方博物館及布里斯托博物館，並深入博物館庫房上手學習漆器、琺瑯器及料器。當時正值倫敦亞洲藝術週，並拜訪蘇富比、佳士得、邦瀚斯等拍賣行以及著名的古董商如 Eskenazi Ltd.、Speelman、Marchant 和 Ben Janssens Oriental Art 等，獲益良多。

《巧法造化─陽明山房藏宋元明清漆器》已於2020年7月出版，並將於今年繼續出版《陽明山房藏元明清琺瑯器》，皆由北京故宮博物院的張榮老師主編及精心指導，真感榮幸之至，在此再度向她深表十二萬分感謝。

圖7 陽明山房主人潘勝正夫婦。

收藏半世紀，陽明山房珍寶大公開
專訪潘勝正祕藏漆器、琺瑯器

文｜藍玉琦　圖｜陽明山房

陽明山房主人潘勝正於書房。

順沿著蜿蜒山道，沿途林蔭蔥鬱，綠意盎然。駛入一小段岔出的路徑，幽靜明媚的山林裡迎來幾聲宏亮犬吠，「陽明山房」別墅現於眼前。明清古意石獅蹲踞大門兩側，二重進階，拾梯而上，廳堂正中央赫見巨碩的北齊佛首石雕，端正莊嚴，氣宇卓然，令觀者仰首。

「陽明山房」主人何許人也？臺灣飲料設備、包裝產業的龍頭乙農企業集團總裁潘勝正。乙農企業集團由潘勝正於1976年獨資創立，以提供各類（啤）酒、飲料之整廠設備的一條龍服務為主。因創辦該年為龍年，故取名為「乙龍」，期許為業界龍頭，後求典雅、謙虛故改名為「乙農」。乙農不僅為臺灣引進第一套寶特瓶設備，現在只要進入便利商店，隨手拿一瓶（罐）飲料，百分之九十都是乙農的客戶，著實龍頭不虛。

公司LOGO的乙形龍，取形於中國古典圖樣，更是帶出了潘勝正在企業經營的另一面，其對於文物藝術的熱愛與收藏，

紐約蘇富比藝術學院院長頒發碩士畢業證書予陽明山房主人潘勝正。

尤以宮廷器物蔚為大觀。潘勝正自小即喜愛文史藝術，於1973年裝潢別墅新居，開啟了收藏藝術品之契機，其起步甚高，購藏有張大千、溥心畬、黃君璧、朱銘、顧重光等名家佳品，水墨、油畫、器物、雕塑、

家具、文玩雜項各類項具備，滿堂雅韻，滿心歡喜。在繁忙的公務之餘，他收藏歲月近半世紀，踏尋寰宇，件件都是親自精選購藏，不假他人之手，亦未曾斷輟，「藝術帶給心靈很高的精神享受，增加知識與涵養，百看不厭！」

1970年代，潘勝正每逢週末，都會往市區古董店，以及林口、內湖專門賣進口古董家具的大型的倉儲藝術空間跑，就在古董紫檀、黃花梨、酸枝、雞翅木家具中慢慢培養眼力，也結交古董店老闆，與收藏同好交流，由辨識材質、年份鑑別，到藝術史時代風格的觸類旁通。並曾在臺北東豐街鄭先生的古董店裡，購藏一件小巧可愛的剔紅漆圓盒，底落「大明萬曆年製」款，但經過研究，實是標準的大明永樂年製的牡丹花卉紋盒，喜不自勝，更添信心和興趣。又和古董店主一同前往日本大阪，得機緣購藏明嘉靖年製〈剔紅賀壽圖毛筆〉，一般剔紅漆器毛筆多在20公分上下，此筆長達36公分，日後經北京故宮古器物部主任張榮鑑賞，被譽稱為「剔紅賀壽大筆王」。

明永樂〈剔紅雙層纏枝菊花紋盤〉，「大明永樂年製」款，徑32.5公分。

隨著購藏經驗與眼界提升，潘勝正轉以拍賣行為購藏主要途徑。1980年代，時海外拍賣行圖錄皆是英文或歐洲當地語言，加以時差因素且未有電腦網路，懂古董的中國競買者甚少。而畢業於政治大學西洋語文學系的潘勝正，英、日語流暢，德、法、西班牙文亦可溝通，曾任外貿協會東歐經貿訪問團團長，他憑藉著強大的外文優勢專擅商場，也成為其進軍國際拍場的重要利器。因貿易生意，潘勝正除親自現場參與拍賣，亦透過電話競投。那些夜間時差的國際電話，他笑稱都成為了「鬧鐘」。蘇富比、佳士得、邦瀚斯、保利、嘉德、中貿聖佳、日本美協、東京中央等各大拍賣行，世界各大古玩商及展銷會等，都成為他的購藏來源。

長年征戰，深知行情，熟悉每間拍賣公司器物部的專家。「每年會收到兩三百本國際各家拍賣圖錄，看圖錄是一種享受。我都會自己看，然後對有興趣的物件索取細節照片及狀況報告書，還要ＵＶ燈照的器物立體影片，因為漆器和琺瑯器一照，若有修補處馬上就見光死。當然，還會詢問不同拍賣公司間專家的意見。」多年累積的實戰經驗，潘勝正謹慎且樂在其中，挑精撿肥，對於知識的追求亦是毫不懈怠，購藏重要學術著錄是為基本，更於2008年參加北京清華大學舉辦的「藝術品經營管理」課程，在2009年8月取得了「職業藝術品經紀人」證書。此後，並多次參加香港佳士得的文物研習課程。2015年再度到清華大學美術學院，參加首屆由該院和清華大學經濟管理學院以及蘇富比藝術學院共同舉辦的「藝術管理碩士學位項目」，並在2018年結業儀式中擔任學員代表致詞。2018至2019年參加紐約蘇富比藝術學院、倫敦蘇富比藝術學

清乾隆〈剔彩鼎式爐及燭台（一對）〉，「大清乾隆年製」款，高34.4公分。

清乾隆〈剔紅暗八仙三層寶奩套盒〉，寬31.8公分。

明隆慶〈剔紅龍紋盤〉，「大明隆慶年製」款，徑16.3公分。

元／明早期〈掐絲琺瑯纏枝蓮紋金剛鈴〉，高29.6公分。

院及美國加州克拉克大學藝術學院、蘇富比藝術學院合辦的藝術課程的學習，並於2019年3月獲得美國紐約蘇富比藝術學院的藝術碩士學位。在學習的過程中，開闊視野，增加國際觀，進博物館入庫上手標準器物，結識諸多海內外專家及同好交流，藝術鑑賞功力愈深。

在清華學習期間，得益於北京故宮博物院古器物部主任張榮的指導，並因其專精於歷代皇帝們最喜愛的漆器、琺瑯器、料器，這三類器物為皇家御用，工藝水準高，製作週期長，也堅定了潘勝正繼續此三類器物的收藏。2020年，集錄漆器精品由張榮主編、故宮出版社出版《巧法造化—陽明山房藏宋元明清漆器》共115件，印製精美，就工藝史的發展脈絡，纏纏如貫珠。潘勝正自信地說：「這本漆器至少百分之十以上是『國寶級』的。」隨即點出一件明永樂〈剔紅雙層纏枝菊花紋盤〉，「永樂朝的精良剔紅，為漆器藝術上的高峰，這件原為德國派駐聖彼得堡外交官N.von der Brueggen男爵藏品。永樂時期類似傳世品目前僅有四件，其中兩件藏於北京故宮，一件在香港藝術館，一件就在我家。」清乾隆〈剔彩鼎式爐及燭台（一對）〉，「乾隆皇帝熟衷於宮廷漆器的製作，在風格上以較為鋒利的刀法為主，雕刻層次多，作工嚴謹，華麗精巧。傳世品中能找到一組三件保存良好的供器實屬難得。北京故宮有一組五件的清乾隆帶款的剔紅供器，同樣裝飾八吉祥，但此組的爐不含蓋。另，對比臺北故宮藏的一單件的剔紅漆爐，也不含蓋。而我的這件爐有蓋，來源是日本蟹仙洞博物館。」清乾隆〈剔紅暗八仙三層寶奩套盒〉，「臺北故宮藏有兩件，形制均和這件相同，尺寸均略小，盒頂面蓋為落花流水紋飾。北京故宮則藏有一件，頂蓋紋飾也是落花流水。我的這件是暗八仙圖案，僅此一件，而且輪軸是輻射八條，其他的是六至七條。工藝級別最高。」明隆慶〈剔紅龍紋盤〉「明代隆慶朝僅6年，根據已發表的資料統計，流傳於世的『隆慶款』漆器只有10件，分別收藏在臺北故宮、大英博物館、英國伯明罕美術博物館、日本東京國立博物館、日本東方漆藝研究所、瑞典斯德哥爾摩遠東博物館。陽明山房所藏的『大明隆慶年製』，為傳世的十件漆器之

珐瑯器是潘勝正的第二寶愛，大至立爐、冰箱，小至案頭文玩，只要精善，皆有所藏。《陽明山房藏元明清珐瑯器》正如火如荼編製中，由張榮主編，今夏將於故宮出版社出版。他劇透精品，**邊拿起珐瑯器邊解釋。**元／明早期〈掐絲珐瑯纏枝蓮紋金剛鈴〉，「這件作品從形制、珐瑯釉料、工藝等諸多方面判斷，應為兩件珐瑯器經改裝拼接而成，非常特別。其中上部應為佛教法器金剛鈴，釉色鮮豔，特別是綠色釉料，宛如碧玉，整體掐絲均勻，具有典型的元、明早期珐瑯器特徵，獸面紋腹部及高圈足部分的紋飾風格、釉料品質及掐絲工藝皆具有清代珐瑯的典型特徵。」他再拿起另一件複合式的小巧〈銅胎掐絲珐瑯英雄瓶〉，指出：「這是元代的雙瓶加上康熙的英雄（鷹＋熊）瓶。英雄合巹瓶為清代掐絲珐瑯器中的仿古器型，這是傳世最小的。兩瓶間一面圓雕雄鷹踏於熊首上，鷹兩翅展開貼瓶壁，神武威嚴；一面圓雕螭龍騰起，身形矯健靈活，極富動感。」明宣德〈銅胎掐絲珐瑯纏枝蓮紋朝冠耳爐〉，「上追高古青銅鼎器沉渾雄厚氣息又融入明代宮廷雅致的雋永風貌。這是大明宣德

明〈銅胎掐絲珐瑯綠地纏枝蓮紋直頸瓶〉，高15.5公分。

明嘉靖〈御製銅胎掐絲珐瑯魚藻紋小罐〉，高11.8公分。

元／清〈銅胎掐絲珐瑯英雄瓶〉，高8公分。

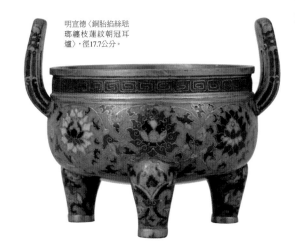

明宣德〈銅胎掐絲珐瑯纏枝蓮紋朝冠耳爐〉，徑17.7公分。

標準器。」明〈銅胎掐絲珐瑯綠地纏枝蓮紋直頸瓶〉，「珐瑯器作為舶來品，自元代傳入中國，多以藍色調為底色。這件直徑瓶以綠色作為底色，珍罕難得。點閱國外內甚是少見，為不可多得之品。」小巧可愛的珍品，還有明嘉靖〈御製銅胎掐絲珐瑯魚藻紋小罐〉，「成對鯰魚嬉游於荷花荷葉、水波間。魚藻紋最為著名的應為宣德時期的青花瓷器，後世多有製作，於掐絲珐瑯之上則較為少見，此器更有年代款識『大明嘉靖年製』，殊為難得。目前所知有『大明嘉靖年製』款珐瑯器，除北京故宮有一件出土器外，大英博物館也有一件，這是傳世的民間收藏首件，極為寶貴。」

對於諸多購藏獲寶的經歷和學術知識，潘勝正信手捻來，談笑風生。如何得知手中寶貝的珍罕？他正色微笑：「要讀很多書，看很多文獻，才會知道這件文物的珍罕。」歷年來的藏品檔案資料夾好幾大本，整理得條理分明，直至去年，他仍花了新臺幣近億，補充重要收藏，使珍藏更精彩，更有看頭！面對購藏行情的逐年升溫，問其是否有心理價格的包袱，他爽快豪氣地說：「我是把它當enjoy，沒有心理價格的。就是我喜歡然後買下來，買古董只要是對的，貴了也沒關係！要有未來性，以藝術史的眼光來認識其歷史文化定位。」對於收藏，他歸結多年心法，面對藝術學海，謙虛有道，「收藏一定要累積知識，和專業人士交流，千萬不要自以為是，不要貪便宜！」就像他當年創業時，佐治先生提示他的「做事業要提綱挈領，應從大處著眼，小處著手」，謹慎有方，收藏之路也才能歷半世紀踏實且彌堅。🔲

你想成就自己的事業和成為富豪嗎？

讓台灣包裝整廠企業龍頭 潘勝正 總裁－－
告訴你如何實現你的富豪夢！

Do You Wish To Become A Multimillionaire?

The No.1 Taiwan turn-key packaging plant provider - Yee Nong Group founder & president - Victor Pan shares his secret and method to help you accomplish your dream!

出　版　者：乙農企業股份有限公司
作　　　者：潘勝正
資深編輯：李炯信
執行編輯：鄭乃慈、李若寧、張喜文
助理編輯：陳中正
美術編輯：莊英秋
封面設計：莊英秋
總　編　輯：潘勝正
發　行　所：乙農企業股份有限公司
地　　　址：台北市北投區復興三路476號
電　　　話：02-2893-9148　傳真：02-2893-9048
E - m a i l：yeenong@yeenong.com.tw
定　　　價：580元
● 銀行代號：009(彰化銀行 北投分行) 帳號：53900196699600
戶　　　名：乙農企業股份有限公司
出版日期：西元2022年10月25日 初版
I S B N：9789860612400

國家圖書館出版品預行編目(CIP)資料

你想成就自己的事業和成為富豪嗎？：讓台灣包裝整廠企業龍頭潘勝正總裁告訴你如何實現你的富豪夢! = Do you wish to become a multimillionaire? :The No.1 Taiwan turn-key packaging plant provider - Yee Nong Group founder & president - Victor Pan shares his secret and method to help you accomplish your dream! / 潘勝正作. -- 初版. -- 北市：乙農企業股份有限公司, 2021.04 面 ; 19x26公分

ISBN 978-986-06124-0-0(平裝)

1.潘勝正 2.企業家 3.自傳 4.台灣 5.賺錢術 6.古董收藏

783.3886 110000859